制造云服务
选择与组合优化研究

马文龙 著

北 京
冶 金 工 业 出 版 社
2021

内容提要

本书是作者主持的浙江省自然科学基金资助项目的研究成果之一，主要介绍了云制造的概念、体系结构和关键技术，分析了制造云服务描述方法、资源类型、服务属性和服务选择问题，重点介绍了制造云服务优选模型和常用算法，重点分析了制造云服务组合问题建模和组合问题的常用算法，针对制造云服务异常处理问题提出了制造云服务异常处理模型、相关策略，最后通过实验验证了相关结论。

本书可供涉及计算机云服务选择与组合优化研究和教学的相关人员参考阅读。

图书在版编目(CIP)数据

制造云服务选择与组合优化研究/马文龙著．—北京：冶金工业出版社，2021.3

ISBN 978-7-5024-8806-2

Ⅰ.①制… Ⅱ.①马… Ⅲ.①计算机网络—应用—制造工业—服务经济—研究 Ⅳ.①F407.4-39

中国版本图书馆 CIP 数据核字(2021)第 072458 号

制造云服务选择与组合优化研究

出版发行 冶金工业出版社 **电　话** (010)64027926
地　址 北京市东城区嵩祝院北巷 39 号 **邮　编** 100009
网　址 www.mip1953.com **电子信箱** service@mip1953.com

责任编辑 姜晓辉 王艺婧 美术编辑 彭子赫 版式设计 郑小利
责任校对 梅雨晴 责任印制 李玉山

北京虎彩文化传播有限公司印刷
2021 年 3 月第 1 版，2021 年 3 月第 1 次印刷
710mm×1000mm 1/16；8.25 印张；159 千字；123 页
定价 70.00 元

投稿电话 (010)64027932 投稿信箱 tougao@cnmip.com.cn
营销中心电话 (010)64044283
冶金工业出版社天猫旗舰店 yjgycbs.tmall.com
(本书如有印装质量问题，本社营销中心负责退换)

前言

随着云计算模式的兴起和技术上的日趋成熟，云计算为解决目前制造业信息化存在的问题提供了新的思路。研究者们在应用服务提供商（Application Service Provider，ASP）、制造网格、敏捷制造等现有先进制造模式的基础上，结合云计算、物联网、Web服务技术、虚拟化等新技术提出了云制造的概念。云制造是一种利用网络和云制造服务平台，按用户需求组织网上制造资源（制造云），为用户提供各类按需制造服务的一种网络化制造新模式。

相比以往制造模式，云制造环境下部署在网络上的制造云服务必会成倍增加，将是海量的信息资源，同时存在着大量功能相同或相近但服务质量参差不齐的制造云服务，用户自然希望在综合衡量服务的质量的基础上作出选择。针对单一资源服务需求，服务平台从大量相近或相似的待选云服务中选择服务质量（Quality of Service，QoS）最佳的云服务来执行，即云服务选择；针对多资源服务需求，服务平台必须从搜索到的符合各子任务需求的待选云服务集中，各选一个云服务组装成组合云服务，并从所有可能组合中选择整体服务质量最佳的一组组合来协同完成任务，即云服务组合优化。

制造云服务选择与组合优化是一项极其复杂的系统工程，面临着海量服务优选、可信评价、服务组合爆炸、服务组合异常等诸多挑战。事实上制造企业业务环境复杂多变，对组合服务的功能需求会随时间和应用环境不同动态地发生变化。动态地从海量组合方案中挑选出满足用户需求的最佳服务组合，是一个典型的多项复杂程度的非确定性问题（NP）难题。因此，开展制造云服务组合优化问题的研究具有重要的应用价值。

本书是作者主持的浙江省自然科学基金资助项目（项目名称：云

制造环境下基于 QoS 感知的云服务选择与组合优化研究，项目编号：LY15E050007）的研究成果之一，本书的出版得到该项目经费的资助。

本书共分为5章。第1章主要介绍了云制造的概念、云制造系统体系架构和云制造系统的关键技术。分析了云制造的运行模式和体系架构，概述了云制造的物联化技术、虚拟化技术和服务化等关键技术。第2章主要介绍了制造云服务描述方法、制造资源类型、制造云服务属性和制造云服务选择问题。分析了制造任务的类型及其特点和制造云服务资源的属性，重点分析了制造云服务选择涉及的三大问题：制造云服务优选问题、制造云服务组合问题、制造云服务异常处理问题。第3章主要介绍了制造云服务优选研究现状、制造云服务形式化描述、制造云服务优选模型、制造云服务优选的常用算法。从功能属性优选和非功能属性优选两个角度，分析了三层属性模式、本体驱动模式、上下文信息模式、多策略 QoS 感知模式、双向匹配模式、层次分析模式、作业排序模式和信息校正模式的优选模型和算法，并给出了信息校正模式优选算法的实验与分析结论。第4章主要介绍了制造云服务组合问题研究现状、组合问题建模和组合问题的常用算法。概述了制造云服务的组合问题和四个阶段，重点分析了层次化模式、可靠性模式、粒度模式、教—学模式、协同模式和子任务模式的组合问题建模方法和算法，并给出了子任务模式组合优化算法的实验与分析结论。第5章主要介绍了制造云服务异常处理问题的研究现状、制造云服务异常处理模型、异常处理相关策略和异常处理常用算法。概述了异常处理的逻辑、异常处理流程和异常处理模型，重点分析了任务总体迁移模式和自适应调整模式的异常处理策略和算法，并给出了自适应调整模式异常处理算法的实验与分析结论。

由于作者水平有限，书中错漏之处在所难免，恳请读者批评指正。

作　者

2020年8月于浙江衢州

目　录

1 云制造概念与体系结构

1.1 云制造概念

在网络和信息技术高速发展的当代，制造业已经发生了根本性的变化，全球范围内企业间的竞争与合作已经成为当前制造业发展的主题。用户对制造产品的高要求使制造企业从只关注产品转移到更加关注产品全生命周期中整体服务的提供。为了适应新形势下制造业的发展趋势，中国的制造业正从以产品为中心向以服务为中心转化。

以应用服务提供商、制造网格、敏捷制造、全球化制造等为代表的网络化制造模式，成为制造企业为应对挑战而实施的、以快速响应市场需求和提高企业（企业群体）竞争力为主要目标的一类先进制造模式。网络化制造将先进的网络技术、信息技术与制造技术相结合，构建面向企业特定需求的基于网络的制造系统，并在系统的支持下，突破空间地域对企业生产经营范围和方式的约束，开展覆盖产品全生命周期全部或部分环节的企业业务活动（如产品设计、制造、销售、采购、管理等），实现企业间的协同和各种社会资源的共享与集成，高效、高质量、低成本地为市场提供所需的产品和服务。

尽管经过十几年的发展，网络化制造在资源服务化建模与封装、资源配置与调度、协同设计、工作流管理等领域取得了一定成果，但是面对当前制造业的转型和制造业网络化、全球化的迅速发展，亟需一种新的生产模式，使制造业能够适应当前制造“集成化、协同化、敏捷化、服务化、知识化、智能化、绿色化”的特点。

伴随着高新信息技术的兴起，一种基于服务化理念的计算模式——云计算被提出。云计算的理念是将计算资源（存储设备、计算能力等）经虚拟化技术形成服务并放在云端，用户可通过网络即可获得按需即用的计算服务。云计算技术的诞生，解决了一些棘手的问题：（1）当用户数量成指数增长时，如何快速扩展原有系统，且能负载海量的移动终端；（2）IT 系统如何为海量的各个移动终端用户提供按需即用的服务；（3）当计算服务资源数量有限时，如何合理性的配置资源，减少成本。继云计算技术诞生之后，又有一种高性能的信息技术——物联网技术被提出，它将世界上一切的物体与网络连接在一起，并且智能交换信息、通信，进而实现对任何物体的识别、定位、跟踪、监控以及管理。云计算技术及其应用模式，和物联网技术的不断发展和完善，为探索先进制造技术提供了契机。由此，一种面向服务、低耗高效，以及基于知识的网络化智能制造新模式——云制造应运而生。

北京航空航天大学李伯虎认为，云制造是一种利用网络和云制造服务平台，按用户需求组织网上制造资源（制造云），为用户提供各类按需制造服务的一种网络化制造新模式；云制造技术将现有网络化制造和服务技术同云计算、云安全、高性能计算、物联网等技术融合，实现各类制造资源（制造硬设备、计算系统、软件、模型、数据、知识等）统一的、集中的智能化管理和经营，为制造全生命周期过程提供可随时获取的、按需使用的、安全可靠的、优质廉价的各类制造活动服务。

云制造利用先进的信息技术盘活了因"'资源孤岛''信息孤岛''应用孤岛'"而造成的闲置、低使用率的制造资源、制造能力，进而提高了制造资源、制造能力的利用率和共享度。也就是说，云制造是一种制造资源电商服务平台。通过云制造服务平台可以将海量的、可扩展的、高虚拟化的、复杂的，分布在不同物理位置上的不同种类的制造业所涉及的资源聚集统一管理，给制造活动提供快捷环保、高质、廉价的各种制造服务，实现制造资源/制造能力以服务的形式通过网络提供给企业客户使用。企业通过云制造服务平台不仅可以把自己的资源虚拟化封装之后发布到云制造平台中供其他企业使用，还可以购买或租赁需要的制造服务，充分提高了制造资源、制造能力的利用率并为企业增添了额外的经济效应。

云制造的目的是把储放在云制造服务平台中的各类资源以服务的形式为各用户提供环保可靠、高质廉价、实时智能、按需即用的制造服务。即云制造的目标致力于实现"'分散资源集中使用''集中资源分散服务'"的思想。运用这一种电商化且智能化的制造模式，让企业闲置的资源或能力在很大程度上得以发挥使用，这样资源需求商就不会再为了购买价格高昂得制造设备而伤脑筋了，只要通过这个平台就可以购买或租赁到所需求的制造服务了，进而可以把企业节省下来的更多资金、人力、技术投放在本企业核心产品的研发上，从而提升企业核心竞争力。

综上所述，云制造的内涵非常丰富，可归结为四方面的统一：分散与集中的统一、自治与协同的统一、资源劣势与资源优势的统一、竞争与合作的统一。

（1）分散与集中的统一。云制造利用网络将分散于不同企业和组织的制造资源汇聚在一起，形成一个逻辑上集中、物理上分散的虚拟制造资源云池。云制造服务平台通过对制造资源云池的管理与运作，实现对市场需求的快速响应，提高了制造资源的利用率。

（2）自治与协同的统一。云制造环境中的制造资源都是一个独立的实体，每一个制造资源都有自己独立的组织体系、决策机制、管理方法和运作方式。因此，云制造环境中的制造资源是高度自治的。但是，在针对某一特定制造任务时，这些制造资源通过云制造服务平台连接在一起，通过彼此间的协同来完成制造服务。

(3) 资源劣势与资源优势的统一。每个制造企业都存在制造资源和技术能力的优势和劣势，当其面对市场需求多样化、个性化以及产品更新换代快速化等问题时，就会体现出资源和能力的过剩和不足。在云制造环境中，制造企业可以将其过剩的制造资源和能力共享至云制造服务平台，以提高资源的利用率并获得相应的效益；对于制造企业缺乏的制造资源和能力，则可以通过对云制造服务平台中企业外部制造资源和能力的利用，形成企业间的优势互补，从而实现产品的协同制造，更好地满足市场需求。

(4) 竞争与合作的统一。在面对市场需求时，为了获得更大的经济效益，制造企业之间存在着明显的竞争关系。而随着市场经济的发展，合作共赢成为了制造企业发展的必然趋势。云制造通过将不同的制造资源汇聚起来，形成制造企业共同参与的虚拟组织，为实现企业间的合作与共赢提供了有效的技术支持。

1.2 云制造系统体系架构

1.2.1 云制造运行模式

云制造的体系结构中，主要包括三类重要角色：云服务资源提供者、云服务资源使用者以及云制造平台运营商。云制造运行模式见图 1-1。

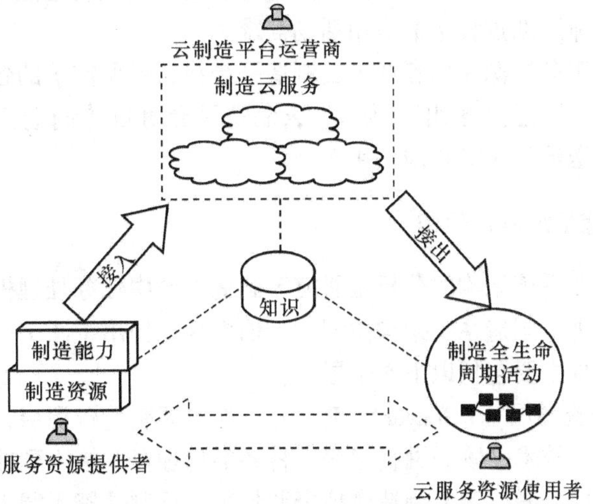

图 1-1 云制造运行模式

云服务资源使用者通过互联网进入云制造平台，在云制造平台上发布制造任务的服务申请，继而按照需求获得相应的制造资源及服务。使用者是云制造系统的受益者，可以跨区域、跨部门以需求—驱动按需付费方式进行购买或租赁自己需要的制造应用服务。

云服务资源提供者通过物联网、虚拟化等技术，将闲置的制造资源通过虚拟封装接入云制造平台中，继而按需向云制造服务需求方提供制造资源及能力，并收取相应的费用。

云制造平台运营方是云制造系统的管理者，主要作用是对不同种类的资源进行虚拟化、规范化处理，以便于统一、集中式的管理与经营。除此之外，还对使用者所需要的制造任务需求信息进行统一、规范描述、任务分解、需求信息与制造服务资源匹配、优化组合以及制造服务资源调度等进行管理与运营。运营方主要的目的是要确保任务—资源供需实时匹配，促进制造服务资源交易的进行。

其中，云制造平台中的用户包括云服务资源提供者和云服务资源使用者。两者的身份并不是绝对的，某个企业可能既是某些制造资源或制造能力的提供者，同时也是其他制造资源或制造能力的使用者。从图 1-1 可知，三类角色是通过“接入”“接出”这两个运行过程联系在一起，并形成了云制造系统平台。

接入是云服务资源提供者和云制造服务平台连通的接口，促使云服务资源提供者将自己所拥有的不同种类的资源凭借云制造平台的自动感知技术实现虚拟化接入，并进行统一规范式封装存放在云制造平台里，组成“云服务资源池”（或者称之为“制造云”）。制造云是云制造系统进行服务的客观存在的载体，它包含了云制造系统所有的制造资源或制造能力，便于云服务资源使用者通过云制造服务平台以低价购买或租赁自己需要的各种制造资源或制造能力，进而满足该企业在制造全生命周期过程中的应用活动需求。

接出是云服务资源使用者通过云制造平台将自己所需求的各种制造资源或能力的获取接口，通过“接出”接口，云制造平台可以将制造云中存放的制造资源或制造能力送给云服务资源使用者。

1.2.2 云制造系统体系架构

对于云制造系统架构的分析是研究云制造平台中任务处理模式的基础。不同学者建立了多种云制造系统架构模型，李伯虎院士提出了图 1-2 所示的云制造体系架构。该架构主要包括以下 5 个层次：

（1）物理资源层（P-Layer）。P-Layer 为物理制造资源层，该物理层资源通过嵌入式云终端技术、物联网技术等，将各类物理资源接入到网络中，实现制造物理资源的全面互联，为云制造虚拟资源封装和云制造资源调用提供接口支持。

（2）云制造虚拟资源层（R-Layer）。该层主要是将接入到网络中的各类制

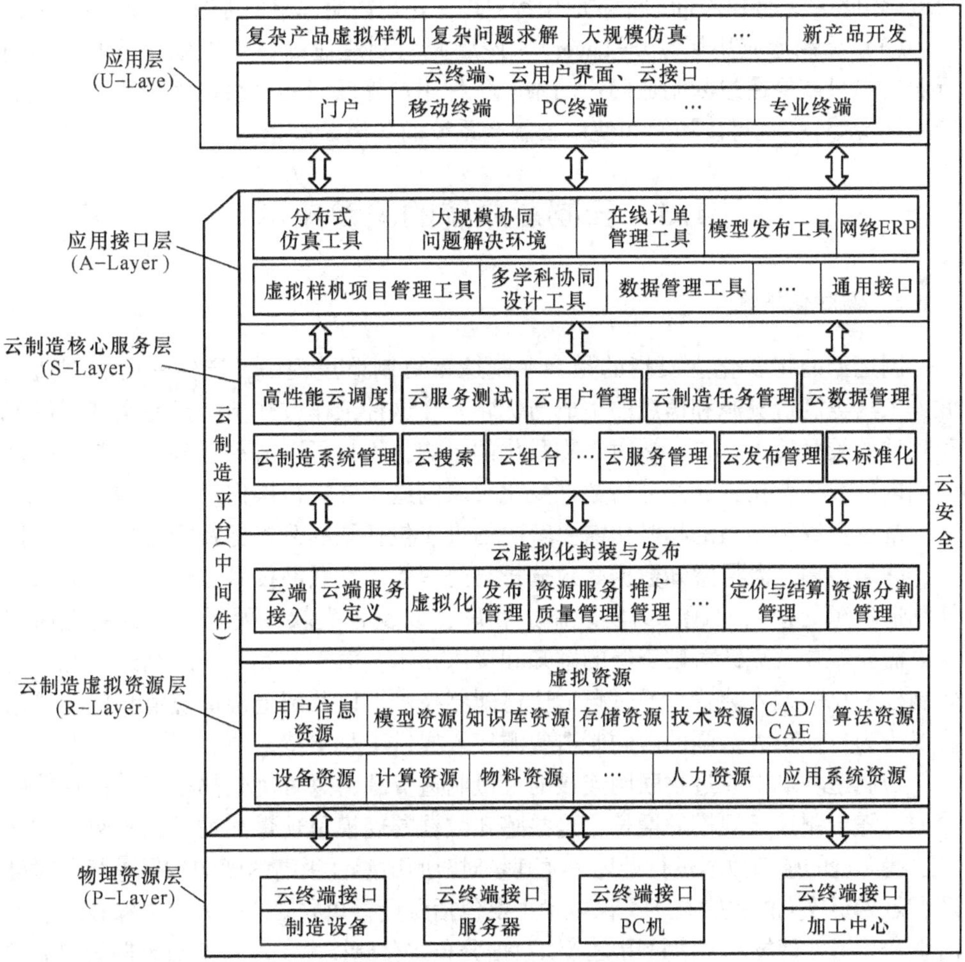

图 1-2 云制造系统体系架构

造资源汇聚成虚拟制造资源，并通过云制造服务定义工具、虚拟化工具等，将虚拟制造资源封装成云服务，发布到云层中的云制造服务中心。该层提供的主要功能包括云端接入技术、云端服务定义、虚拟化、云端服务发布管理、资源质量管理、资源提供商定价与结算管理和资源分割管理等。

(3) 云制造核心服务层（S-Layer)。该层主要面向云制造三类用户（云提供者、云使用者、云服务运营商)，为制造云服务的综合管理提供各种核心服务和功能，包括面向云提供者提供云服务标准化与测试管理、接口管理等服务；面向云服务运营商提供用户管理、系统管理、云服务管理、数据管理、云服务发布管理服务；面向云请求端提供云任务管理、高性能搜索与调度管理等服务。

(4) 应用接口层（A-Layer)。该层为云制造应用接口层，该层主要面向特定制造应用领域，提供不同的专业应用接口以及用户注册、验证等通用管理接口。

（5）云制造应用层（U-Layer）。该层面向制造业的各个领域和行业。不同行业用户只需要通过云制造门户网站、各种用户界面（包括移动终端、PC终端、专用终端等），就可以访问和使用云制造系统的各类云服务。

1.3 云制造系统的关键技术

1.3.1 物联化技术

制造云的物联化主要指的是，在制造云对制造过程中，产生的所有制造机械、工具等制造资源和信息的集成与优化。在这种工作方式下，云端实现了硬件和软件的关联接入。在云端由于物联化的影响，用户可以清楚了解关于制造生命周期内的数据变化，通过分析数据变化，对制造服务进行操作。

制造资源和能力的物联化需要解决的难点包括硬制造资源及能力的感知、接入、网络传输、海量感知数据高效分析与处理等。互联网技术已经解决了大部分软制造资源的接入问题，为实现制造物联，以及各类软、硬制造资源的全面接入，需要着重攻克针对硬资源的感知和接入技术。对于各类不同的制造资源，需研制标准化的接入装置，通过自适应适配器技术，以及制定接口规范和标准传输协议，为方便更大范围的软硬制造资源接入提供工具支持。

云制造环境中通过物联网连接的大量制造资源，每时每刻都在产生各种传感数据，随着制造云规模的增长，这些感知数据的规模呈现爆炸增长的趋势。如何对这些海量的感知数据进行处理，尤其是对时间敏感性很高的感知数据进行及时处理，是需要攻克的关键技术。该技术主要包括海量感知数据的采集与去噪技术、实时感知数据处理技术、海量历史感知数据分布式存储技术、海量感知数据的智能挖掘技术等。

1.3.2 虚拟化技术

由于制造云传承于云计算，所以其也继承了云计算的核心虚拟机技术，在制造云中这种技术称为虚拟化。制造云中的制造虚拟化并不接受各类物理约束只接受逻辑上的约束，同云计算一样，制造云中该项特征同时为各类服务提供逻辑抽象的接入或者接口。

制造资源和能力的虚拟化需要解决的难点包括虚拟制造资源和能力的创建、按需定制、部署、管理等方面。在虚拟制造资源和能力的创建方面，涉及各类“虚拟器件”模板或镜像的创建、发布、存储技术以及将物理环境迁移到虚拟环境的技术等。其中，仔细分析各类制造应用，进而建立合理的制造资源和能力有关的虚拟器件，并使其规范和标准化，是十分重要的工作内容。这项工作需要建立规范化的虚拟资源和能力描述模型，能够灵活管理“物理—虚拟器件”之间的映射关系。对于信息技术类资源和能力，可借鉴云计算中的虚拟机相关技术；对于非IT类的虚拟器件，可通过规范和标准化的描述模板予以发布。

在虚拟制造资源和能力的按需定制和部署方面，涉及虚拟器件的多维匹配、语义组合、自动部署、目标物理器件激活技术等。关键问题是根据资源和能力需求动态构建虚拟化云制造环境，这需要建立综合效能预测模型，从多个维度根据约束条件匹配合适的虚拟器件，并结合智能优化组合技术对虚拟器件进行优化分解与组合，通过虚拟组合语义验证技术对备选物理器件的组合语义进行检验。

在虚拟制造资源和能力的管理方面，涉及其状态和流程的监控、快捷管理、综合效能优化调度、在线迁移及高效备份技术等。

1.3.3 服务化技术

同面向服务的思想类似，制造云的服务化思想是通过封装和组合的方式对制造资源等信息进行虚拟化操作，通过这种方式，汇聚了种类众多的制造服务。通过接入，对用户提供的服务更多更优。

在虚拟化的基础上，制造资源和能力的服务化需要解决的难点主要包括资源和能力服务的描述、发布、存储、发现、匹配、组合、交易、执行、调度、结算和评估等。制造资源和能力服务及其流程的描述（模型）可采用语义建模方法，对人员团队、知识技能、成功案例、资质荣誉等多维描述信息建立形式化语义模型。服务化进一步明确制造资源和能力的任务目标，并以规范的形式发布在制造云池中。对于具有简单输入和输出特征的任务目标而言，服务化提供的是功能接口的封装与发布，例如云计算采用的Web Service等服务技术；对于更大量的复杂制造业务目标的服务化而言，需要提供规范化的基于语义的服务描述与发布技术。

制造云池作为资源和能力注册和存储中心以及服务发现的载体，集中式处理方式和传统数据库技术难以应对超大规模数据存储与快速检索问题，需要大规模分布制造云池的高效管理技术，包括分布式云存储技术、并行处理技术和智能聚类分类技术等，可借鉴云计算的最新技术，如支持超大存储的分布式文件系统、Map Reduce并行编程机制等，并结合云制造中制造云池的特点予以改进。

服务发现和组合除借鉴上述技术外，十分重要的一点是结合基于语义的智能匹配技术和优化组合技术使其更加智能，并建立服务综合效能计算模型以提供效能预估技术，使得服务质量（Quality of Service，QoS）更好地符合多方面质量的要求。对于服务的调用与执行管理而言，基于并行方法的快速部署问题，面向多租户的大规模服务多实例的实时监控、调度及消息通信等是值得重点研究的技术。

服务交易全过程管理需要支持多主体间多种云服务模式的实现、交易跟踪控制、计费收费和服务综合评估等，可采用可定制服务模式库技术构建灵活的商业模式，基于多主体电子协议技术监控、调整交易过程，并结合目前较成熟的电子支付技术支持财务结算，最后基于供需双方主观评价和平台自动评价技术实现对服务的综合评估。

参考文献

[1] 李伯虎，张霖，王时龙，等．云制造——面向服务的网络化制造新模式［J］. 计算机集成制造系统，2010，16(1)：1~7，16.

[2] 刘中生．云制造环境下制造服务优选研究［D］. 南昌大学，2016.

[3] 李春泉，尚玉玲，张明．云制造原理与应用［M］. 西安：西安电子科技大学出版社，2016.

[4] 苏凯凯．云制造环境下的制造资源优化配置方法研究［D］. 北京交通大学，2017.

[5] Crasso M，Zunino A，Campo M. Easy Web Service Discovery：a query-by-example approach [J]. Science of Computer programming，2008，71(2)：144~164.

[6] Guo Suchang，Huang Hongzhong，Wang Zhonglai. Grid Service Reliability Modeling and Optimal Task Scheduling Considering Fault Recovery. IEEE Transactions on Reliability，2011，60(1)：263~274.

[7] COALITION O. OWL-S1.1 release [EB/OL]. [2013-02-02]. http：//www.daml.org/services/owl-s/1.1.

[8] Wu C，Chang E. Searching Services on the Web：A Public Web Services Discovery Approach [C] //Proceedings of the 3rd International IEEE Conference on Signal-Image Technologies and Internet-Based System. Washington，D. C.，USA：IEEE，2008：321~328.

[9] 朱李楠，赵燕伟，王万良．基于 RVCS 的云制造资源封装、发布和发现模型［J］. 计算机集成制造系统，2012，18(8)：1829~1838.

[10] Ji X. Research on Web Service Discovery Based on Domain Ontology[C] //Proceedings of the 2nd IEEE International Conference on Computer Science and Information Technology(iccsit). Washington，D. C.，USA：IEEE，2009：65~68.

[11] 李慧芳，董训，宋长刚，等．制造云服务智能搜索与匹配方法［J］. 计算机集成制造系统，2012，18(7)：1485~1493.

[12] Goscinski A，Brock M. Toward Dynamic and Attributes Based Publication，Discovery and Selection for Cloud Computing [J]. Future Generation Computer System，2010，26(7)：947~970.

[13] 李成海，黄必清．基于属性描述匹配的云制造服务资源搜索方法［J］. 计算机集成制造系统，2014，20(6)：1499~1507.

[14] 武蕾，刘玉龙，刘士军．多策略 QoS 感知的服务选择与排序模型［J］. 通信学报，2012，33(Z1) 141~147.

[15] 赵金辉，王学慧．基于服务质量的云制造服务双向匹配模型［J］. 计算机集成制造系统，2016，22(1)：104~112.

[16] 唐雨，汪永超，王宇．基于 QoS 的制造云服务组合优选问题研究 [J]. 组合机床与自动化加工技术，2016，1(1)：154~156.

[17] 程幼明，吴英，龚本刚，等．基于非功能属性的制造云服务筛选方法 [J]. 统计与决策，2017，9(1)：43~47.

[18] 陶飞，张霖，郭华，等．云制造特征及云服务组合关键问题研究 [J]. 计算机集成制造系统，2011，17(3)：477~486.

[19] 刘卫宁，马刚，刘波．基于层次化的云制造服务组合研究 [J]. 中国机械工程，2013，24(10)：1349~1356.

[20] 敬石开，姜浩，许文婷，等．考虑执行可靠性的云制造服务组合算法 [J]. 计算机辅助设计与图形学学报，2014，26(3)：392~400.

[21] 郑维强，冯毅雄，谭建荣，等．制造资源混合粒度优化组合方案求解技术 [J]. 计算机辅助设计与图形学学报，2012，24(3)：281~289.

[22] 金鸿，姚锡凡，杨洲，等．基于教—学算法的制造云服务组合优化 [J]. 计算机集成制造系统，2018，24(1)：43~52.

[23] 陈友玲，刘舰，凌磊，等．基于协同效应的并行制造云服务组合算法 [J]. 计算机集成制造系统，2019，25(1)：137~146.

[24] 赵秋云，魏乐，舒红平．云制造环境下制造设备云服务异常处理模型 [J]. 图学学报，2014，35(6)：840~846.

2 云服务描述与选择问题

2.1 制造云服务描述方法

2.1.1 制造任务类型

制造任务在云制造平台中的执行过程具体可以描述为：制造服务需求方向云制造平台提交任务申请，云制造平台将制造任务分解为子任务、制造云服务初步选择、制造云服务优化选择，进而交由制造服务提供方执行各子任务，云制造平台提供监控和跟踪服务，以及任务执行完成后的评价过程。也就是说，在云制造平台中，制造任务被分解为产品级、部件级、工艺级以及工序级等多种任务粒度，不同任务粒度的子任务搜索匹配到相应的企业级、车间级、单元级以及设备级的制造云服务执行完成。

按照制造任务的属性，将制造任务主要分为以下几类。

（1）产品设计任务。制造任务需求方将设计需求进行描述，并提供大小、应用环境、使用寿命等材料条件。设计任务包括外形设计、工艺设计以及详细设计等。

（2）制造加工任务。该类型任务源于制造服务需求方所需产品的加工制造信息，但不具备制造能力。

（3）检测任务。该类型任务主要是进行检验测试操作，判断设备或工件是否存在异常或者不合格等情况。

（4）装配任务。该类型任务是指在明确产品结构的前提下，完成设备或者产品零部件的组合安装等工作。

（5）维修任务。该类型任务主要包括对制造服务需求方在生产过程中出现的制造设备、计算设备等故障进行维修，对工具设备进行校准等，以及定期的常规检查保养等。

（6）物流仓储任务。该类型任务主要负责企业生产过程中原材料、半成品等的搬运、运输以及工件的存储、运输等生产活动。

（7）方案咨询任务。该类型主要包括方案规划实施、业务咨询等活动，例如项目管理系统解决方案等。

(8) 其他任务。该类型任务主要包括以上7个类别中不涉及的任务，例如计算机仿真任务、员工培训任务、资产审核任务等。

2.1.2 制造任务的特点

制造任务不仅具有其他模式下任务单件小批量、产品结构复杂、可配置性差等共性特点，同时还具有异构封装性、多样性、动态性、关联性、服务需求性、实时性等特点。

(1) 异构封装性。由于制造需求企业众多，且每个企业之间均存在异构性，因此不同企业对制造任务的描述也存在异构性。异构性主要表现在语义异构和结构异构两方面。语义异构是指用不同的术语描述同一个制造任务；结构异构是指用不同的类层次或者数据结构描述同一个制造任务的结构参数。在云制造平台中，首先需要对不同企业的制造任务的异构性描述进行封装，以统一的方式对制造任务进行描述。

(2) 多样性。云制造模式的开放共享性决定了制造任务的多样性。制造任务涉及到各行各业、供应链的各个环节以及产品的全生命周期。海量的企业可以动态地发布制造任务，并在任务执行结束后选择退出。

(3) 动态性。云制造模式下制造任务更容易实现动态更新。由于云制造模式下制造任务的制造云服务是根据需求进行动态选择。因此，制造任务的变化通过选择不同的制造云服务进行任务执行即可。因此，云制造模式也便于企业实现个性化、定制化的制造。

(4) 任务相关性。云制造模式下，制造服务需求方提出的制造任务往往在云制造平台中被分解为多个子任务，交由不同的制造云服务进行执行。因此，分解后的子任务之间往往存在一定程度的关联性，而分解方法使得分解后子任务间的相关性不同。而制造任务在执行过程中要考虑各子任务间的相关性，相关性越低意味着制造云服务的交互成本和交互时间越低，更易于任务的执行。任务相关性也决定了云制造平台要确定更合理可行的任务分解方法。

(5) 服务需求性。云制造模式的理念为“制造即服务”，对制造云服务的需求是制造任务的典型特点。通过虚拟化、智能化等技术将制造服务提供方提供的制造资源封装为制造云服务。制造任务在分解完成后，进行制造云服务的搜索匹配，并通过对制造的执行时间、执行价格、信誉度等服务质量进行优化配置。

(6) 实时反馈性。对于执行过程中的任务，云制造平台实施跟踪控制，及时将信息反馈，为任务管理者对任务的调度和控制提供了信息基础；对执行结束的任务，云制造平台及时收集整理制造服务需求方对本次任务执行给出的评价信息，实时更新每个制造云服务的服务质量评价，为制造任务需求方提供直观的参考依据。

2.2 制造资源类型及制造云服务属性

2.2.1 云制造资源类型

云制造平台中的制造资源是为制造任务生命周期中提供品种不一的资源服务以及是资源信息管理、搜索、匹配、优选等资源调度活动的基础。在云制造平台中，制造资源不仅种类很多，且制造资源还具有异构性与分布性，动态性与多样性，抽象性与相似性等特点。于是，对制造资源的分类进行深入、全面地分析，不仅对制造资源信息管理有着至关重要的影响，而且对经过虚拟化、服务化后的服务资源的搜索、匹配以及优选等资源调度能否顺利完成问题带来一定的阻碍。不同学者对于云制造资源有着不同的分类，本书从硬件制造资源和软件制造资源角度出发，将制造资源划分为设备资源、物料资源、软件资源、人力资源、物流资源、知识资源等。

硬件制造资源主要包括设备资源和物料资源。设备资源主要是指生产加工过程中需要的物理设备，例如机加工设备、冲锻压设备、电加工设备、铸造设备、焊接设备、热处理设备、特种设备和加工中心等。物料资源是指与生产相关的原材料、半成品以及加工过程中的用料等。软件制造资源包括软件资源、人力资源、物流资源和知识资源。软件资源是指产品制造全生命周期中需要的所有产品开发、生产制造和信息管理等软件；人力资源是指参与产品设计、生产、管理和营销人员；物流资源是指船运物流、铁路物流、航空物流和汽车物流等运输设备以及运输能力；知识资源是指产品制造全生命周期过程中需要依靠的专利和知识等非物质技术资源，主要包括专利、专业技术、版权等。

2.2.2 制造云服务资源的属性

云制造服务资源经过虚拟化技术接入云制造平台，形成制造云服务。描述一个制造云服务不同的学者有不同的方法，根据面向对象的建模方法，一般包含以下几个属性。

（1）基本属性。基本属性用于描述制造云服务的基本信息，包括制造云服务的名称、种类、型号和规格等特征。

（2）功能属性。功能属性用于反映制造云服务的制造能力和工艺水平。包括制造能力、范围、制造的精度和制造参数等。

（3）状态属性。状态属性是对制造云服务动态属性的描述，该描述主要是要体现资源的状态特征，如在使用中、等待、空闲及在维修中等。

（4）评价属性。评价属性主要是指制造云服务的需求方在使用结束后对该制造云服务进行的服务质量评价，主要包括价格、时间、可靠性、可用性、诚信度等。

(5) 关联属性。关联属性是指制造云服务之间的关联关系，通常用于服务的组合中。关联关系通常包含可组合关联关系、商业实体关联关系以及统计关联关系。

(6) 其他属性。由于制造云服务类型众多，每个制造云服务都不尽相同，每次任务执行的情况也各不相同，以上5个基本属性不能完全包含所有的制造云服务属性，除此之外的属性可在其他属性中描述。

2.3 制造云服务选择问题

相比以往制造模式，云制造环境下部署在网络上的制造云服务必会成倍增加，将是海量的信息资源，同时存在着大量功能相同或相近但服务质量参差不齐的制造云服务，用户自然希望在综合衡量服务质量的基础上做出选择。在云制造服务平台中，用户需求可以分为单一资源服务需求和多资源服务需求，针对单一资源服务需求，服务平台从大量相近或相似的待选云服务中选择服务质量最佳的云服务来执行，即云服务选择；针对多资源服务需求服务平台必须从搜索到的符合各子任务需求的待选云服务集中，各选一个云服务组装成组合云服务，并从所有可能组合中选择整体服务质量最佳的一组来协同完成任务，即云服务组合。

通过近些年国内外科研人员的努力，对制造云服务的选择与组合优化问题的研究已有了一定的成果，但基于服务质量进行制造云服务选择和组合优化方向课题的研究基本上还处于探索阶段，要最终形成成熟的应用技术，还需要更具创新性的研究。

目前迫切需要解决的关键科技问题有制造云服务优选问题、制造云服务组合问题和制造云服务异常处理问题。

2.3.1 制造云服务优选问题

(1) 制造云服务 QoS 信息建模、采集和量化问题。目前对网络（以下简称 Web）服务技术和制造网络中服务质量的相关研究已有一定的基础，但制造云服务与上述两者存在很大的不同，制造云服务有其行业的一些特殊要求。Web 服务的研究对象是计算资源和软件资源，而制造云服务研究对象除了计算资源和软件资源外，还要加上其他制造资源和制造能力，需要面对更大量的复杂制造业务，而制造网络 QoS 又缺少对云计算特征属性的描述。目前，专门针对制造云服务的 QoS 信息描述模型尚为缺乏。

另外，即便有了制造云服务的 QoS 信息模型，QoS 真实信息的采集和量化也是一个关键问题，如果不能获取 QoS 的真实信息并加以量化处理，基于 QoS 的制造云服务选择与组合优化就是空中楼阁。

(2) 制造云服务 QoS 信息检测和校正机制问题。制造系统中资源供需双方在进行资源服务交易时存在信任问题是一客观事实，迁移到云制造中，这一问题仍然存在，并遇到一些新问题，如有些服务提供商出于利益考虑，故意夸大服务的质量；有些用户不能诚实地按照服务执行结果给出评价，故意给出好评或差评；有些用户所处网络传输质量的不确定性导致制造云服务 QoS 推荐值与实际体验结果出现偏差。出现上述情况的主要原因在于制造云服务注册中心的 QoS 值缺乏相应的可信度检测和信息校正机制。

(3) 缺乏制造云服务基于 QoS 选择的有效方法。目前，制造云服务选择方法大多集中在基于语法匹配、行为匹配、语义匹配等功能性描述查找资源的方法，但面对云制造环境下众多功能相同或相近的服务，基于功能性描述选择服务显然不适用。基于非功能性描述匹配服务又缺乏针对制造云服务的研究，主要集中在制造网格 QoS 服务匹配机制方面。因此，建立基于 QoS 的制造云服务选择模型显得尤其重要。

2.3.2 制造云服务组合问题

事实上制造企业业务环境复杂多变，对组合服务的功能需求会随时间和应用环境不同动态发生变化，动态地从海量组合方案中挑选出满足用户需求的最佳服务组合，是一个多目标规划问题。针对每个多资源的服务需求，从众多的候选服务中进行服务组合，会形成组合“爆炸”，这是一个典型的多项式复杂程度的非确定性问题难题。因此，亟需开展制造云服务组合优化策略的研究。

2.3.3 制造云服务异常处理问题

制造企业业务环境复杂多变，服务调用过程中自然存在着诸多不可预知的异常情况，如用户需求更改、机器故障、服务的退出、任务的取消、服务提供方 QoS 发生变化等。因此，在制造云服务组合过程中需建立服务异常处理机制，以保证服务组合顺利运行，必须研究当这些不确性因素发生时，制造云服务平台如何动态进行云服务调整以适应这些变化，提高云服务组合的柔性。

参考文献

[1] 李伯虎，张霖，王时龙，等．云制造——面向服务的网络化制造新模式 [J]. 计算机集成制造系统，2010，16(1)：1~7，16.

[2] 刘中生．云制造环境下制造服务优选研究 [D]. 南昌：南昌大学，2016.

[3] 李春泉，尚玉玲，张明．云制造原理与应用 [M]. 西安：西安电子科技大学出版社，2016.

[4] 苏凯凯．云制造环境下的制造资源优化配置方法研究 [D]. 北京：北京交通大学，2017.

[5] Crasso M，Zunino A，Campo M. Easy Web Service Discovery：A Query-by-Example Approach

[J]. Science of Computer Programming, 2008, 71(2): 144~164.

[6] Guo Suchang, Huang Hongzhong, Wang Zhonglai. Grid Service Reliability Modeling and Optimal Task Scheduling Considering Fault Recovery. IEEE Transactions on Reliability, 2011, 60(1): 263~274.

[7] COALITION O. OWL-S1.1 release [EB/OL]. [2013-02-02]. http://www.daml.org/services/owl-s/1.1.

[8] Wu C, Chang E. Searching Services on the Web: A Public Web Services Discovery Approach [C] //Proceedings of the 3rd International IEEE Conference on Signal-Image Technologies and Internet-Based System. Washington, D.C., USA: IEEE, 2008: 321~328.

[9] 朱李楠，赵燕伟，王万良．基于 RVCS 的云制造资源封装、发布和发现模型［J］．计算机集成制造系统，2012，18(8)：1829~1838.

[10] Ji X. Research on Web Service Discovery based on Domain Ontology [C] //Proceedings of the 2nd IEEE International Conference on Computer Science and Information Technology (iccsit). Washington, D.C., USA: IEEE, 2009: 65~68.

[11] 李慧芳，董训，宋长刚，等．制造云服务智能搜索与匹配方法［J］．计算机集成制造系统，2012，18(7)：1485~1493.

[12] Goscinski A, Brock M. Toward Dynamic and Attributes based Publication, Discovery and Selection for Cloud Computing [J]. Future Generation Computer System, 2010, 26(7): 947~970.

[13] 李成海，黄必清．基于属性描述匹配的云制造服务资源搜索方法［J］．计算机集成制造系统，2014，20(6)：1499~1507.

[14] 武蕾，刘玉龙，刘士军．多策略 QoS 感知的服务选择与排序模型［J］．通信学报，2012，33(Z1)：141~147.

[15] 赵金辉，王学慧．基于服务质量的云制造服务双向匹配模型［J］．计算机集成制造系统，2016，22(1)：104~112.

[16] 唐雨，汪永超，王宇．基于 QoS 的制造云服务组合优选问题研究［J］．组合机床与自动化加工技术，2016，1(1)：154~156.

[17] 程幼明，吴英，龚本刚，等．基于非功能属性的制造云服务筛选方法［J］．统计与决策，2017，9(1)：43~47.

[18] 陶飞，张霖，郭华，等．云制造特征及云服务组合关键问题研究［J］．计算机集成制造系统，2011，17(3)：477~486.

[19] 刘卫宁，马刚，刘波．基于层次化的云制造服务组合研究［J］．中国机械工程，2013，24(10)：1349~1356.

[20] 敬石开，姜浩，许文婷，等．考虑执行可靠性的云制造服务组合算法［J］．计算机辅助设计与图形学学报，2014，26(3)：392~400.

[21] 郑维强，冯毅雄，谭建荣，等．制造资源混合粒度优化组合方案求解技术［J］．计算机辅助设计与图形学学报，2012，24(3)：281~289.

[22] 金鸿，姚锡凡，杨洲，等．基于教—学算法的制造云服务组合优化［J］．计算机集成制造系统，2018，24(1)：43~52.

[23] 陈友玲，刘舰，凌磊，等. 基于协同效应的并行制造云服务组合算法 [J]. 计算机集成制造系统，2019，25(1)：137~146.
[24] 赵秋云，魏乐，舒红平. 云制造环境下制造设备云服务异常处理模型 [J]. 图学学报，2014，35(6)：840~846.

3 制造云服务优选算法

3.1 制造云服务优选研究现状

制造云服务的优选研究主要有两个方向：（1）从服务需求方功能性描述查找合适资源的方法；（2）从服务需求方非功能性描述查找合适资源的方法。功能性描述服务选择方法是指通过匹配制造资源的功能细节描述及所要求的资源功能说明来完成，适用于服务的初次检索。服务的非功能性描述选择方法指在服务功能性需求满足的前提下，面对众多的同类服务通过匹配服务质量、可用性、用户的偏好和期望等资源需求来查找最佳的制造资源。

3.1.1 功能性属性优选

功能性属性优选主要技术有：（1）语法匹配。包括关键字和接口匹配。该方法主要通过匹配资源描述中的一组关键字来发现请求的资源。Crasso 和 Zunino 在文献［1］提出了一种通过例子进行查询（Query by Example，QbE）的资源发现方法，它允许用户通过搜索范例（一组关键词、操作和参数名称）来获得查询资源。文献［2］提出了接口匹配通过匹配操作签名（输入输出参数和它们的类型）来发现所需资源；（2）行为匹配。文献［3］提出研究用户行为从而去发现所需资源，行为科学理论和逆向工程方法被用来作为行为匹配的理论基础。（3）语义匹配。语义匹配发现机制通过各种手段检索信息描述的语义来进行资源发现。主要可分为基于信息检索（IR）的方法（见文献［4~6］）、基于本体驱动的方法（见文献［7，8］）和基于根据上下文信息的方法（见文献［9］）等。

3.1.1.1 信息检索技术

文本信息检索是针对文本的信息检索技术。在技术社区中，文本信息检索常常被等同于信息检索技术本身。相对视频、音频检索而言，文本信息检索是发展较快也较成熟的，其他模态的信息检索技术，往往也要仰赖文本信息检索的支持。虽然网络搜索引擎目前已不仅仅局限于对文本进行检索，但文本信息检索仍然是大部分网络搜索引擎的基础。

（1）算法的形成。

如何快速地从大量记录在各种各样的存储媒体中查找或获取信息就成为一个

引人注目的问题。1945年，Vannevar Bush第一次提出了设计自动的、在大规模的存储数据中进行查找的机器的构想。这被认为是现在信息检索技术的开山之作。进入20世纪50年代，研究者们开始为逐步实现这些设想而努力。20世纪50年代中期，在利用电脑对文本数据进行检索的研究上，研究者获取了一些成果。其中最有代表性的是Luhn在IBM公司的工作，Luhn提出了利用词对文档构建索引并利用检索与文档中词的匹配程度进行检索的方法，这种方法就是目前常用的倒排文档技术的雏形。

20世纪60年代，信息检索技术的一些关键技术获取了突破。其间，出现了一些优秀的系统以及评价指标。在评价指标方面，由Cranfield的研究组组织的Cranfield评测提出了许多目前仍然被广泛采用的评价指标，而在系统方面，Gernard Salton开发的SMART系统构建了一个很好的研究平台。在此平台上，研究者可以定义自己的文档相关性测度，以改进检索性能。这样，作为一个研究课题，信息检索技术拥有了较为完善实验平台与评价指标，其研究理所当然地步入了快车道。正因为如此，20世纪70~80年代，许多信息检索的理论与模型被提出，并且被证明对当时所能获得的数据集是有效的。其中最为著名的是Gerard Salton提出的向量空间模型。该模型至今还是信息检索领域最为常用的模型之一。互联网兴起为信息检索技术提供了一个巨大的实验场。从Yahoo到Google，大量实用的文本信息检索系统开始出现并得到广泛应用。这些系统从事实上改变了人类获取信息与知识的方式。目前，在文本检索领域，简单的信息检索已经开始向更加复杂且人性化的垂直搜索演化，引入了信息抽取技术以提取文档中的结构化信息。

（2）常用信息检索模型。

目前，最为常用的信息检索模型有三种：向量空间模型（Vector Space Model，VSM）、概率模型（Probabilistic Model）、推理网络模型（Inference Network Model）。

向量空间模型最早由Gerard提出。在此模型中，一个文档被描述成由一系列关键词（Term）组成的向量。模型并没有规定关键词如何定义，但是一般来说，关键词可以是字、词或者短语。在语音文档检索中，还可以是混淆类、音子、音子串等单元。假设我们用“词”作为Term，那么在词典中的每一个词，都定义向量空间中的一维。如果一篇文档包含这个词，那么表示这个文档的向量在这个词所定义的维度上应该拥有一个非0值（对绝大多数系统来说，是正值）。

当一个查询被提交时，由于这个查询也是由文本构成，所以也可以被向量空间所表示。模型将对查询与文档，计算一个相似度需要注意的是，模型也没有对相似度给出确切的定义。它可以使欧氏距离，也可以是两个向量的夹角的余弦。传统向量空间模型的一个问题是各个维度间缺乏相关性，因而无法对文档中各个词的相关性提供信息。从宏观上看，仍然没有摆脱“关键词匹配”的因素。一个自然的想法就是对文档特征——文档向量进行降维，将维数巨大的文档向量投影到某个较小维度的空间中，使得关键词之间即使不完全匹配，也能够根据语义发生关系。这就诞生了潜语义索引（Latent Semantic Indexing），它通过对向量空间进行奇异值分解，将高维文档向量投射到低维潜语义空间中。潜语义索引随后被融入概率模型框架中，形成了基于概率模型的概率潜在语义索引（Probabilistic Latent Semantic Indexing，PLSI）和文档主题生成模型（Latent Dirichlet Allocation，LDA）。推理网络模型是一种较上述两种模型更为一般化的模型，上述模型都可以归结为推理网络模型的一种实现。在此模型下，仅仅规定文档以某种“力度”产生某个来自查询的关键词，至于力度如何定义，则完全没有规定，即可以是概率，也可以是关键词权重。

（3）倒排文档索引技术。

在信息检索系统的具体实现中，需要快速地找到文档中所包含的关键词。相比文档来说，关键词的个数是较少的，因此，以关键词为核心对文档进行索引是更加可行的方法。这就是信息检索领域常用的“倒排文档索引”技术。倒排文档索引可以被看成一个链表数组，每个链表的表头包含关键词，其后续单元则包括所有包括这个关键词的文档标号，以及一些其他信息。这些信息可以是文档中该词的频率，也可以是文档中该词的位置等信息。

倒排文档索引的优势不仅在于关键词个数少带来的检索效率提高，还在于其特别易于同信息检索技术结合。在实际应用中，查询中所包含的关键词往往是很少的，完全不包含查询中的所有关键词的文档，一般来说是不会被列入结果集的。因此，以关键词为主键进行索引，只需要用查询中包括的关键词，进行几次简单的查询就能够找出所有可能的文档。

倒排文档索引的具体数据结构可以进行进一步的优化。在关键词查询上，往往采用多路搜索树（B-Tree）或哈希表进行快速查询。而文档列表的数据结构则可以采用简单的无序列表进行存储。但是，此种无序列表存在一个问题，就是当多个关键词对应的文档集需要进行比较的时候，比较效率较低。因此，在实际应用中往往采用二叉搜索树组织文档列表。

3.1.1.2 本体驱动方法

在计算机科学领域，本体的核心意思是指一种模型，用于描述由一套对象类型（概念或者说类）、属性以及关系类型所构成的世界。尽管不同的本体对于这些构成成分的确切称谓有所不同，但它们却都是一部本体不可或缺的基本要素。一般来说，人们普遍期望的一点就是，本体之中模型的那些特征应当非常类似于相应的现实世界。

有研究人员结合制造云服务的特征和需求，通过扩展服务描述信息并改进服务质量的匹配策略，基于本体论研究了制造云服务匹配方法。首先，将制造云服务形式化描述为一个五元组模型，即服务基本信息，服务类别，状态信息，功能信息，服务质量；其次，提出了一种智能化的制造云服务匹配算法，包括服务类别和状态信息匹配、功能信息匹配、服务质量匹配和服务相似度计算，并根据求得的相似度对候选服务进行综合排序。该方法主要包括两部分：根据服务的类型和状态信息，快速过滤发布端服务，得到初步的候选服务集合；通过对请求端与发布端服务进行功能属性、非功能属性匹配，从候选服务集合中筛选出具有最高匹配度的制造云服务。

3.1.1.3 上下文信息方法

上下文，即语境、语意，是语言学科（语言学、社会语言学、篇章分析、语用学、符号学等）的概念。语意分析（Semantic Analysis）技术系指将一长串的文字或内容，从其中分析出该段落的摘要以及大意，甚至更进一步，将整篇文章的文意整理出来。此项技术可以应用于解读影片、音讯等档案，使得搜索引擎能够搜寻到文字以外的物件，方便使用者省去大量时间观看影片、聆听音讯，同时也可以帮助使用者提前了解影片与音讯的内容。

语意分析技术在早期基于奇异值分解（Singular Value Decompositiob，SVD）、非负矩阵拆解法（Non-negative Matrix Factorization，NMF）等方式，近年来则有用各种形态的类神经网络（Neural Network，NN）来完成语意分析的目的。

有些学者为实现智能、高效、便捷的云制造服务资源搜索，提高服务资源需求方与制造服务资源提供方间的匹配精确度，在分析已有的服务资源属性检索技术和云制造服务资源特点的基础上，提出了一种基于属性匹配的云制造服务资源搜索方法，并建立了其中云制造服务资源属性标准化分类描述模型；设计了服务资源同义词字典集和属性字典集，并以此为基础构造了关键词规范化算法和参数化的属性匹配算法。

上下文信息方法首先需要根据服务资源匹配及其在云制造领域中应用的实际应用情况，建立面向服务资源属性的分类描述模型；再建立一种基于属性描述匹配的云制造服务资源检索框架，一般可将制造服务资源匹配搜索分为云制造关键词提取、关键词规范化、服务资源属性匹配、服务资源检索等关键步骤，设计每一步的具体实现方法，关键是要设计所依赖的服务资源同义词字典和服务资源属性字典；最后，需要通过算法效率和应用实例两方面进行对比分析，验证该搜索方法的可行性与有效性。

3.1.2 非功能属性优选

相比以往制造模式，云制造环境下部署在 Internet 上的制造云服务必会成倍增加，将是海量的信息资源，同时存在着大量功能相同或相近但服务质量参差不齐的制造云服务，用户自然希望在综合衡量服务质量的基础上做出选择。服务质量作为服务的非功能特征，是功能相同的服务之间最显著的区分指标，也是对服务进行性能评价和用户选择的重要参考标准。QoS 模型是对服务非功能性属性的描述，用于描述服务完成业务目标的效果，它是一个包含多侧面指标的复杂结构，从不同的方面定性或定量的描述一个服务。不同的学者和专家角度不同，建立的模型和选择的算法也各不相同。

有些研究提出了在用户请求服务时，为了确保能找到满足用户功能与质量要求的服务，并对搜索到的可用候选服务集按一定的策略进行选优，提出了一种多策略 QoS 感知的制造云服务选择与排序模型。此方法具有如下特点：（1）模型综合考虑了服务的性能与运营维护成本等属性，并将其加入常用的 QoS 模型中，从而提出了一种扩展的服务 QoS 模型；（2）创新性地引入用户、运营商对服务满意度的计算方法，通过改变用户满意度与运营商满意度在排序选优过程中所占的不同比重，设置相应的权重值，灵活设置服务选优策略，有效的解决服务排序选优问题。

有关学者为解决云制造环境下服务提供方和需求方的按需相互选择问题，提出了基于 QoS 的云服务双向匹配模型。针对云制造服务提供方与需求方给出的短语评价信息，采用云模型将其量化为可计算的数值，并利用可变模糊识别方法进行多属性指标信息的综合满意度计算。以服务提供方和需求方双方服务质量满意度最大为优化求解目标，建立了多目标优化数学模型，并利用隶属度函数的加权和方法将其转化为单目标线性规划模型进行求解。

部分学者基于云制造的服务质量属性分析了制造云服务的组合优选问题，考虑了时间、费用、信誉和可靠性等因素的云服务组合数学模型，提出了结合层次分析法和改进的粒子群算法对该模型进行求解的优化方法。为了分析用户需求，进一步细化了每个 QoS 属性，形成了制造云服务属性层次，采用层次分析法确定各属性的权重。采用改进的粒子群算法快速有效地收敛到组合数学模型的最优解。此种优化方法既避免了以往采用单一优化方法的不足，同时又能深度结合用户对云服务的需求，找到能满足用户需求动态变化的云服务组合方案。

有学者提出了一种基于非功能属性的制造云服务筛选方法，该方法是在云制造环境下为尽快获取满足单一资源需求的制造云服务而设计的，目标是为了便于制造云服务优选。在功能属性已匹配的前提下，结合常用 QoS 属性，引入产能、产品质量等制造领域特殊相关属性来分析制造云服务的非功能属性；同时考虑到云制造环境下制造云服务的非功能性指标各自具有的独特特征，因而采用了一种基于“平均流程时间最短”的 n/1 作业排序规则，以减少搜寻次数为目标设计出筛选的调度规则，快速形成候选云服务集。

作者考虑到云制造是一种利用网络和云制造服务平台，按用户需求组织网上制造资源（制造云），为用户提供各类按需制造服务的网络化制造新模式。云制造技术是将现有网络化制造和服务技术同云计算、云安全、高性能计算、物联网等技术融合，实现各类制造资源（制造硬设备、计算系统、软件、模型、数据、知识等）统一的、集中的智能化管理和经营，为制造全生命周期过程提供可随时获取的、按需使用的、安全可靠的、优质廉价的各类制造活动服务。

因此相比以往制造模式，云制造环境下部署在网络上的制造云服务势必会成倍增加，将会是海量的信息资源，同时存在着大量功能相同或相近但服务质量参差不齐的制造云服务，用户当然希望在综合衡量 QoS 的基础上做出选择。基于 QoS 的服务的选择实际上是服务质量综合性能的排序选优问题，主要有两个需要解决的问题：（1）描述、量化和监控制造云服务的 QoS 属性。QoS 属性值的获取和监控可以通过实时采样、检测、用户的反馈、或通过数据挖掘历史数据获得；（2）如何根据用户提出的需求在众多的相近服务中高效选出满足用户 QoS 要求的最佳服务，这就需要综合考虑服务的各服务质量性能指标，权衡指标之间的重要程度，并灵活地按照某种策略进行多指标决策，排序选优后得到最佳的解决方案。

作者提出，事实上用户反馈的 QoS 体验与制造云服务注册中心提供的 QoS 信息存在许多不一致的情况，有时甚至相差很大。原因可能是有些服务提供商出于利益考虑，故意夸大了服务的 QoS 值，也有些用户存在不能诚实地按照服务执行结果给出评价的情况，出于某种目的恶意夸大或诋毁服务的质量，故意对服务提供商的诚信度给出好评或差评。另外，用户所处网络传输质量的不确定性也直接影响了用户的 QoS 体验，而且制造云服务注册中心通常是采集所有用户的服务质量反馈信息，将 QoS 性能平均值作为性能指标对外发布，这必然会使得云服务 QoS 推荐值与实际体验结果出现偏差。出现上述情况的原因主要在于服务注册中心的 QoS 值缺少相应的可信度检测和信息校正机制。

在云制造服务质量性能评估方面，国内外学者研究主要集中在制造系统 QoS 评估建模和网络交易的信任评价方面。有学者提出制造网络 QoS 评价需要综合考虑资源服务管理 QoS 和网络性能 QoS 两个方面，并提出一个基于服务时间、服务成本等 11 个指标的 QoS 评估模型。有研究提出一种可扩展的基于一般 QoS 和特殊 QoS 属性的信誉度计算模型，通过两次矩阵规格化得出可比较的 QoS 量化值，并提出在客户端嵌入监视器的思想。有学者对云制造服务信任评估技术展开研究，提出了一种基于主体间信任评估相似性和主体间直接信任关系的推荐信任度权值的确定方法。也有人提出了一种 QoS 排序算法，但该方法只考虑了用户的满意度，未考虑 QoS 属性的权重。还有人提出了可以利用语义匹配和遗传算法选出符合要求的服务；有学者考虑资源服务的信任评估问题，构建了制造网格资源服务 Trust-QoS 评估模型，并给出了量化的评估算法。陶飞等人结合直觉模糊集理论其相应运算法则，研究提出了基于直觉模糊集的制造资源服务非功能QoS评估方法和资源服务优选算法。

许多专业文献从多个角度对基于QoS感知的Web服务选择进行了研究，对制造云服务的选择具有一定的借鉴意义，但Web服务与制造云服务存在很大的不同，制造云服务有其行业的一些特殊要求。前者的研究对象是计算资源和软件资源，而后者研究对象除了计算资源和软件资源外，还要加上其他制造资源和制造能力，需要面对更大量的复杂制造业务，因而服务的QoS信息描述模型理应有所不同。再者云制造作为一种按需使用和付费使用的新模式，服务使用者特别关注制造云服务的质量，包括服务的价格、运输的成本、交货的时间、服务的订单完成率和服务无故障的时间等。为了给用户选择最佳的云服务提供量化的参考依据，本著作结合制造行业的特殊需求，提出了一种云制造环境下基于QoS感知的云服务选择模型，研究建立适合云制造业务的QoS评价指标采集、量化和信息校正方法，并在这基础上进行多指标决策，通过可变粗糙集从大量历史数据记录中挖掘出各评价指标之间的权重，与用户根据业务自身需要和个人偏好事先设定的评价指标权重相结合，推理出最佳的服务推荐给用户。

3.2　制造云服务形式化描述

3.2.1　功能属性描述

3.2.1.1　三层属性模式

根据制造云服务的结构特征可知，涉及服务匹配的主体是服务提供方、服务需求方和制造资源，文献［5］为此提出了服务属性（Service attributes）、资源属性（Resource attributes）和提供者属性（Provider attributes）三层动态属性结构。服务属性用于描述制造资源的服务能力，参数如时间、质量、任务负载等方面；资源属性用于描述制造加工服务能力，参数含零件加工类型、加工精度等；提供者属性用于描述资源提供商名称、地址等属性。

云制造环境下制造资源数量巨大、种类丰富、状态各异、环境多变，而且所有制造资源都以制造云服务的形式存在于云端环境中。因此制造资源的形式化描述自然应该具有较强的开放性，要求能够支持资源类型和对象的不断补充、修改和完善。

有学者提出了资源云的定义。其中一个定义的资源云表述如下：

ResourceCloud = {ResourceCloudID,

ResourceCloudBaseInfo, ResourceCloudFuncInfo,

ResourceCloudAssessInfo, ResourceCloudStatusInfo}。

（1）ResourceCloudID 为云服务标识号。这如同身份证，是制造资源云唯一标识，通常用于资源的查找与定位。这里的唯一性体现在同一云制造子平台中，而不同的云制造子平台之间不存在云服务标识号关联的情况，因此避免了一旦一个子平台中发布了一个新资源，就要导致所有子平台资源列表更新的情况，这样才能符合资源云数据海量和情况复杂、环境多变的特征。

（2）ResourceCloudBaseInfo 为资源云的基本属性集合。形式化描述为：

ResourceCloudBaseInfo = {ResourceCloudName,
ResourceCloudType，ResourceCloudInfo，
ResourceCloudProvider，ResourceCloudLocation，
ResourceCloudParameter，ResourceCloudBaseInfos}。

其中，ResourceCloudName 为资源名称字符串；ResourceCloudType = {1，2，3，4，5，6，7，8} 为资源类型，其数值 1 代表人力资源，数值 2 代表制造设备资源、数值 3 代表软件资源，数值 4 代表服务资源，数值 5 代表物料资源，数值 6 代表计算资源，数值 7 代表制造知识资源，数值 8 代表其他资源；ResourceCloudInfo 为资源描述信息，用字符串的方式对该资源进行文字描述；ResourceCloudProvider 为资源提供商（企业或个人）的名称和联系方式，以字符串形式存储，该信息允许为空；ResourceCloudLocation 为资源所在地点，其表示方式可以是字符串，也可以根据一定方式编码存储（如根据邮政编码等存储）；ResourceCloudParameter 为资源的参数信息集合，由资源提供商根据资源的规格类型自定义提供，包括型号、设备尺寸、费用等，根据资源属性数据规格存储；ResourceCloudBaseInfos 属于资源提供商自定义的内容，可以根据资源信息发布的需要来决定是否增加，存储数据格式为用户自定义，通常可定义为字符串。

（3）ResourceCloudFuncInfo 为该资源的功能属性集合，其形式化描述为：

ResourceCloudFuncInfo = {ResourceCloudTaskType,
ResourceCloudCapaFunc，ResourceCloudTimeFunc，
ResourceCloudQuaFunc，ResourceCloudEviroFunc，
ResourceCloudFuncInfos}。

其中，ResourceCloudTaskType 为该资源支持的服务类型，如硬件资源可加工零件类型等；ResourceCloudCapaFunc 为该资源加工对象的各项参数要求，例如加工精度、软件系统的输入输出类型等；ResourceCloudTimeFunc = {Time1，Time2}，为该资源完成任务所需的最小和最大时间；ResourceCloudQuaFunc = {n，level1，level2，level3，…，level$n$}，描述了该资源所能达到的质量水平，其中 n 表示该产品符合 n 个国家标准，level1 ~ level n 以字符串形式记录这 n 个标准的名称，如某厂提供的安全阀的性能指标达到了制作压力容器的标准，则其

ResourceCloudQuaFunc = {1，“GB150. 1-2021”}；ResourceCloudEnviroFunc 指该资源所能提供服务的环境参数要求，如制造资源地域要求、软件的平台要求、企业等级要求等；ResourceCloudFuncInfos 属于资源提供商自定义内容，可以根据资源信息发布的需要来自定义增加，存储数据格式为用户自定义，一般为字符串。

（4）ResourceCloudAssessInfo 为该资源的综合评价信息，通过用户评价和一定的算法求得，其形式化描述如下：

ResourceCloudAssessInfo = {ResourceCloudTaskID，
ResourceCloudTimeAssess，ResourceCloudCostAssess，
ResourceCloudQosAssess，ResourceCloudServerAssess，
ResourceCloudIncreditAssess，ResourceCloudAssessInfos，
AverageValue}。

其中，ResourceCloudTaskID 用于表示任务的编号，类型可由用户自定义；ResourceCloudTimeAssess 为用时评价；ResourceCloudCostAssess 为计价评价；ResourceCloudQuaAssess 为质量评价；ResourceCloudServerAssess 为服务评价；ResourceCloudIncreditAssess 为信誉评价；ResourceCloudAssessInfos 为用户的其他评价信息；以上元素根据各评价信息数据类型来存储。AverageValue 为该资源到此次任务为止的各项指标的平均值。

（5）ResourceCloudStatusInfo = {0，1，2，3，4，5} 为资源的状态属性。其中 0 为资源维修，1 为资源闲置，2 为资源未满负荷，3 为资源满负荷，4 为资源过载，5 为资源失效。

3.2.1.2 本体驱动描述模式

根据本体驱动方法，可将制造资源视为一个本体，资源云服务可描述为一个五元组。文献［9］将制造云服务 S 建模为一个五元组：

$$S=\langle S_{\text{basic}},\ S_{\text{category}},\ S_{\text{status}},\ S_{\text{functional}},\ S_{\text{QoS}}\rangle$$

式中各量表示的意义如下：

（1）S_{basic} 表示制造云服务的相关基本信息。

（2）S_{category} 表示制造云的名称、简单描述、供应商联系方式等信息。描述制造云服务所属的类别，含制造资源、制造能力和制造知识三大类，制造资源指制造活动中的硬件资源或设备资源，如机床、物料等；制造能力是制造过程所涉及的软件系统资源，用于保证产品开发、设计、分析、仿真、试验和制造过程管理等任务；制造知识指各种技术性资源，如案例、标准、协议、设计手册、经验、模型等。

（3）S_{status} 为制造云服务的状态信息，表示制造资源的当前使用情况及工作状态，主要包括空闲、未满负荷、满负荷和过载等。

（4）$S_{\text{functional}}$ 指制造云服务的功能性信息，反映资源的制造能力，包括制造云服务的输入/输出、执行前条件/执行后效果等。

(5) S_{QoS}为制造云服务的质量，用于表示云服务的评估信息，包括执行时间、成本、可靠性、无故障时间和信誉度等因数。

3.2.1.3 上下文信息描述模式

根据上下文信息法，文献［8］将云制造服务资源描述为一个五元组：

$$R=\langle R_{information}, R_{function}, R_{business}, R_{resource}, R_{technology}\rangle。$$

式中各量表示的意义如下：

(1) R 为云制造服务资源。

(2) $R_{information}$用于描述表征属性，为服务资源描述的基本信息相关属性，如服务名称、服务提供商信息、服务类别等，通常用于服务的前端展示以及初步的信息查找与匹配。

(3) $R_{function}$表示功能属性，用于描述服务资源的能力信息，主要包括功能描述、服务时间、输入输出与前提条件和后置服务，功能属性主要用于平台信息的结构化定义和精确查找，是云制造服务平台服务资源描述的重要组成部分。

(4) $R_{business}$表示商务属性，用于描述买卖双方在交易过程中涉及的相关服务属性，描述了整个交易过程的性质、交易方式、交易策略和交易协议等，如交易类别、计价方式、优惠选择、付费方式、是否需要物流、售后策略、合同样本，通常用于服务的前端展示和初步的信息查找与匹配。

(5) $R_{resource}$表示资源属性，如物质资源、人力资源、信息资源、关系网络资源等。

(6) $R_{technology}$表示技术属性，指服务所能达到的技术和工艺水平，包括服务所能达到的加工精度和加工效果两方面，是服务能力和质量的主要体现。

3.2.2 非功能属性描述

3.2.2.1 多策略 QoS 感知模式

非功能性属性主要从服务质量的角度描述制造云服务的相关属性。文献［11］从资源需求方与平台运营商两个角度出发对服务质量建模，对 QoS 的一般属性和领域属性进行了统一，其中不同领域服务的一般属性主要采用以下描述指标：

响应时间（response time）描述一个服务 S_j 从被调用开始到获得响应的时间间隔，含服务延迟时间（T_{delay}）和服务计算时间（T_{com}），总的响应时间 $T(t)=T_{com}(S_j)+T_{delay}(S_j)$。

可用性（availability）用于描述一个服务正常运行的概率。值越大表示有更高的可用性，值越小表示更低的可用性。

吞吐量（throughout）用于表示在给定时间段内服务可以处理的最大请求数，为服务性能的一个重要指标。

安全性（security）用于表示方法调用过程的安全水平，通过身份验证、消息加密、访问控制等机制提高其安全性。

价格（price）用于表示服务使用者使用服务需要支付的费用。

成本（cost）是指为用户提供服务的过程中所消耗一些资源，含两个方面：软硬件系统资源的消耗（system cost，SC），指在为用户提供服务的过程（初始化、运行、监控和维护等）中，服务占用消耗的系统资源（如当为用户提供某服务时，所需要的设备支持、占用的应用服务器资源、设备磨损等）；人力资源消耗（labor cost，LC）指在服务执行过程中需要人工执行或需要人机交互执行部分的人力资源消耗（如在对产品配置结果进行可行性验证服务时，人工验证部分需要相关领域专家的参与）。

3.2.2.2 双向匹配模式

在云制造服务选择模型中存在服务提供方和服务需求方两个主体。文献[12]在考虑服务提供方和服务需求方的云制造服务选择的过程中，云制造平台依据服务提供方与需求方双方的服务质量需求和实际感知属性水平，在综合考虑双方满意度的情况下给出合理的服务选择方案。

设某个具有相同功能的服务集合 $S=\{s_1, s_2, \cdots, s_n\}$，$s_i$ 表示 S 中第 $i(i=1, 2, \cdots, n)$ 个服务，设功能需求方集合 $U=\{u_1, u_2, \cdots, u_m\}$，$u_j$ 表示 U 中第 j 个需求者。其中，服务需求者 u_j 希望在服务集合 S 中选择一个满意的服务，服务提供者 s_i 希望为 θ_i 个需求者提供服务，θ_i 为满载任务数。

另设 $C=\{c_1, c_2, \cdots, c_f\}$ 为 u_j 对 s_i 满意度评价的属性集合，c_k 为第 $k(k=1, 2, \cdots, f)$ 个属性，$c_1, c_2, \cdots, c_f$ 相互独立；$A=\{a_1, a_2, \cdots, a_g\}$ 为 s_i 提供方对 u_j 满意度评价的属性集合，a_t 为第 $t(t=1, 2, \cdots, g)$ 个属性，$a_1, a_2, \cdots, a_g$ 相互独立。属性一般可以用数值或评价短语描述。双方对属性的要求称为约束，必须相同的约束称为硬约束，其他均称为软约束。软约束可以分为三种：(1) 效益型属性约束，该属性值越大越好，例如服务的质量对需求方来说越高越好；(2) 成本型属性约束，该属性值越小越好，例如服务的价格对需求方来说越低越好；(3) 区间型属性约束，要求该属性的值在一个区间范围之内，例如工期等。

服务选择过程是云制造平台根据需求方 u_j 给出的希望向量 Q 和属性偏好向量 w_j，服务 s_i 提供方给出的期望向量 P 和属性偏好向量 w_i，运用决策策略 U_j 挑选出双方都满意的云制造服务。

3.2.2.3 层次分析模式

(1) 层次分析法。

层次分析法，简称 AHP，是指将与决策总是有关的元素分解成目标、准则、方案等层次，在此基础之上进行定性和定量分析的决策方法。该方法是美国运筹学家匹茨堡大学教授萨蒂于20世纪70年代初，在为美国国防部研究“根据各个工业部门对国家福利的贡献大小而进行电力分配”课题时，应用网络系统理论和多目标综合评价方法，提出的一种层次权重决策分析方法。

层次分析法是指将一个复杂的多目标决策问题作为一个系统，将目标分解为多个目标或准则，进而分解为多指标（或准则、约束）的若干层次，通过定性指标模糊量化方法算出层次单排序（权数）和总排序，以作为目标（多指标）、多方案优化决策的系统方法。

层次分析法是将决策问题按总目标、各层子目标、评价准则直至具体的备投方案的顺序分解为不同的层次结构，然后用求解判断矩阵特征向量的办法，求得每一层次的各元素对上一层次某元素的优先权重，最后再加权和的方法递阶归并各备择方案对总目标的最终权重，此最终权重最大者即为最优方案。

层次分析法比较适合于具有分层交错评价指标的目标系统，而且目标值又难于定量描述的决策问题。

(2) 层次分析制造云服务描述。

部分学者从层次分析法的角度描述制造云服务需要的相关QoS属性，总结归纳为云服务运行时间 T，费用 C，信誉等级 Rep，可靠性 R，可形象化描述为：

$$\mathrm{QoS}_{os} = \langle T_{cs},\ C_{cs},\ Rep_{cs},\ R_{cs} \rangle$$

因为每个云服务都有QoS属性，那么有制造云服务组合而成的云服务执行路径 pi 的QoS属性可以描述为

$$\mathrm{QoS}_{(pi)} = \langle T_{pi},\ C_{pi},\ Rep_{pi},\ R_{pi} \rangle$$

上述的4个QoS属性，按照层次分析法每一属性又包含了更为详细的子属性，从而对制造云服务进行综合分析评价。其中，1）一级指标时间（A1）包含了响应时间（B1）、执行时间（B2）和运输时间（B3）；2）一级指标费用（A2）主要包含了平台使用价格（B4）、服务费用（B5）、生产成本（B6）、违约罚金（B7）；3）一级指标信誉等级（A3）含合同执行率（B8）和历史评价（B9）；4）一级指标可靠性（A4）包括服务正常运行率（B10）、生产设施能力（B11）和技术能力（B12）等。

按照AHP法的标度及含义，基于客户对制造云服务的具体需求对各属性及其子属性的权重进行两两对比，可形成属性层和子属性层两级指标的判断矩阵，借助层次分析软件可最终形成基于客户需求的云服务QoS各属性的权重向量。

3.2.2.4 作业排序模式

程幼明等学者按作业排序规则思路，将制造云服务抽象化表述为

$$\mathrm{CMS} = \{\mathrm{S\_ID},\ \mathrm{S\_BasAttr},\ \mathrm{S\_FunAttr},\ \mathrm{S\_NonFunAttr}\}$$

其中

（1） CMS 为制造云服务。

（2） S_ID 为唯一标识码，用于快速准确查找定位。

（3） S_BasAttr 为基本属性码，用于描述制造云服务的名称、提供者、联系方式等。

（4） S_FunAttr 为功能属性，由输入/输出、执行前条件/执行后结果等详细描述有关功能实现方面的信息，包含功能类型、用途等，这是支撑制造云服务功能匹配的关键内容。

（5） S_NonFunAttr 为非功能属性，专指基本属性、功能属性以外影响需求方选择服务的非功能性因素集，也是需求方非功能性需求的映射集。考虑到云制造特定情境，将非功能属性描述如下：

S_NonFunAttr = {T，P，Cap，Q，Rep，Av，Rel}

1） 时间（Time，T）：与实体供应链不同，云制造供应链强调闲置能力的利用能力，成员企业合作与服务提供不再具备连续性，同时具有特定时间提供特定服务的时效性。因存在原有供应链生产计划和云制造分解子任务间逻辑与时间关系的限制，造成了受开始时间（T^s）和结束时间（T^f）约束的特定时间窗（TW），即 $TW=[T^s, T^f]$。双方只能在时间窗内有交集，同时还需考虑云服务提前期所需加工时间（T_{se}）及物流时间（T_{st}），完成制造任务的时间 T 可表示为 $T=T_{se}+T_{st}$。

2） 价格（Price，P）：主要包括任务报价（P_{se}）和运输价格（P_{st}），可用 $P=P_{se}+P_{st}$ 表示。P_{se} 指云制造供应链转移价格，是提供方完成制造任务所需的加工价格。原实体供应链已将闲置资源固定成本分摊，所以一般只需考虑变动成本，因而具有明显相对价格优势。

3） 产能（Capacity，Cap）：表示制造云服务可提供的闲置能力。在满足所参与的实体供应链全部需求后，还能在相应的时间窗要求内提供的有效剩余产能的最大值，可用式子 $Cap=C_e=C-C_s$ 表示。其中，C 是企业实际产能，C_s 是所参与实体供应链已用产能，C_e 是云制造可提供的产能。

4） 质量（Quality，Q）：表示制造云服务承诺的产品质量技术水平。以制造加工服务为例，一般可用产品质量等级品率（G）表示，参考国家质检总局发布的工业产品质量指标解释，其取值对应的产品质量等级如式（3-1）所示。

$$Q=G=\begin{cases}1 & \text{优等品}\\ 0.8\leqslant G<1 & \text{一等品}\\ 0.6\leqslant G<0.8 & \text{合格品}\end{cases} \tag{3-1}$$

5） 信用（Reputation，Rep）：用来表示衡量制造云服务值得信赖的程度，此值由不同的需求方给出的评价数据汇总计算而得出，表示为式（3-2）。

$$\text{Rep}=\sum_{u=1}^{N_e} R_u/N_e \tag{3-2}$$

式中，N_e 是已经使用并评价过该服务的需求方数量；R_u 是第 u 个需求方给出的评价值。

6）可用性（Availability，Av）：表示某一时刻制造云服务能够及时响应的可能性，一般可用成功访问率表示为 $Av=N_{Av}/N_{At}$。N_{Av} 是在一段时间内云服务能够被成功响应的次数；N_{At} 是该时段内制造云服务被请求的总次数。

7）可靠性（Reliability，Rel）：表示制造云服务在规定条件和规定时间内能够成功执行规定任务的能力，可用成功执行率表示为 $Rel=N_{Rel}/N_{Rt}$。N_{Rel} 指制造云服务执行成功的次数，N_{Rt} 指制造云服务累计服务的总次数。

3.2.2.5 信息校正模式

（1）制造云服务的表示。

由上述制造云服务描述方式可知，众多研究者根据制造云服务的实际情况从各个不同的角度提出了制造云服务抽象模型，但都未涉及提供端和需求端的数据可信问题，即不诚实评价问题。在实际业务中有些用户会故意夸大或诋毁服务的质量，恶意对服务提供商的信誉度给出好评或差评。因此，作者在文献［15］中提出了一种带信息校正的制造云服务描述模式。

依据制造专家的描述，云制造是采用信息技术建立共享制造资源的一种公共服务平台，众多相关企业都可作为服务提供方将自身的制造资源进行虚拟化后封装发布到云制造服务平台，形成制造云池，供服务使用方按需使用，实现“集中资源分散服务”；制造资源涵盖了设计资源、仿真资源、生产资源、试验资源、集成资源、能力资源以及管理资源等，其中管理资源中包括了资源的综合评价信息，通过用户的评价反馈服务质量相关信息。因此制造云服务自然存在多种不同类型，为了简单起见，作者在讨论时将制造云服务分为硬件云服务和软件云服务，硬件云服务专指需要生产和制造设备的云服务，其余为软件云服务。目前不同标准和研究组织（如 ITU，ISO 等）对 QoS 的定义不尽相同，但国际标准 ISO 8402 对 QoS 的定义更好地反映了 Web 服务 QoS 的特点，即 QoS 是由一些非功能属性组成，包括服务价格（cost）、服务执行时间（time）、服务可用性（availability）、服务可靠性（reliability）等，这不仅体现了服务提供者提供的服务质量本身的物理意义，同时还反应了用户的需要并对用户的满意度产生影响。因为，云制造中无法排除有些服务提供者提供虚假注册信息或者恶意评价行为的可能，服务供需双方交易时就必然存在着信任问题，所以在 QoS 信息中必须引入服务诚信度参数，我们认为一个服务提供的功能越可信，服务消费者对其平均评价会越好，它对其他服务的评价也会越客观，其诚信度就会越高。因此本人给出如下制造云服务的 QoS 感知模型：

定义 3.1 制造云服务 $\boldsymbol{S}$ 的 QoS 信息可建模为 $\boldsymbol{S}_{\mathrm{QoS}}=\{\boldsymbol{q}_{\mathrm{cost}},\ \boldsymbol{q}_{\mathrm{time}},\ \boldsymbol{q}_{\mathrm{reliability}},$

$\boldsymbol{q}_{\text{availability}}$，$\boldsymbol{q}_{\text{honesty}}\}$。式中：

1）$\boldsymbol{q}_{\text{cost}}$表示云服务的价格，若$\boldsymbol{S}$为硬件云服务，价格主要包含服务的外协价格和运输成本，假设当前的平均单件产品的外协报价为P_r，平均单件产品每公里的运输成本为P_t，则$\boldsymbol{q}_{\text{cost}}=P_r+P_t$；若$\boldsymbol{S}$为软件云服务，则$\boldsymbol{q}_{\text{cost}}$为使用服务$\boldsymbol{S}$的费用。

2）$\boldsymbol{q}_{\text{time}}$指服务$\boldsymbol{S}$被调用到获得响应的时间间隔，表示云服务执行请求的及时性，云制造环境下不同的类型的云服务相应的物理操作有很大的不同。若$\boldsymbol{S}$为硬件云服务，该任务产品的加工时间为T_{proc}，运输时间T_{trans}，则$\boldsymbol{q}_{\text{time}}=T_{\text{proc}}+T_{\text{trans}}$；若$\boldsymbol{S}$为软件云服务，若$T_{\text{com}}$表示服务的计算时间，从发出调用命令开始到$\boldsymbol{S}$开始执行需要的延迟时间为$T_{\text{delay}}$，则$q_{\text{time}}=T_{\text{com}}+T_{\text{delay}}$。以上时间和价格的采样和度量方法与传统服务的不同之处在于充分考虑了云服务为产品制造服务的业务背景。

3）$\boldsymbol{q}_{\text{reliability}}$指服务的可靠性，表示云服务在一个完整的时间间隔内正常运行的能力。$\boldsymbol{q}_{\text{availability}}$为服务的可用性，表示一个服务正常运行的概率。$\boldsymbol{q}_{\text{honesty}}$为服务的诚信度，表示使用者事后对服务遵守协议程度的平均评价。假设服务S在（t_1，t_2）时间段内被调用了N次，获得正常响应的次数为N_a，无故障的时间为t_a，每次用户给出的评价为h_i，则

$$\boldsymbol{q}_{\text{reliability}}=N_{\text{a}}/N \tag{3-3}$$

$$\boldsymbol{q}_{\text{availability}}=t_{\text{a}}/(t_2-t_1) \tag{3-4}$$

$$\boldsymbol{q}_{\text{honesty}}=\frac{1}{N}\sum_{i=1}^{N_{\text{a}}}h_i \tag{3-5}$$

（2）QoS 信息的采集和量化。

一般而言，制造云服务的 QoS 综合指标采集是基于各评价指标的历史记录的，因而要获得科学有效的制造云服务 QoS 综合指标，首先要采集 QoS 的各项参数值，然后根据各评价指标的属性和类别进行规范化处理。依据云制造服务平台的特点，制造云服务 QoS 指标值的来源一般可归结为两类：1）是软件云服务的网络性能的 QoS 指标，其值一般由服务平台提供，如服务调用次数、正常响应次数、服务计算时间、网络传输延迟和服务无故障时间，上述参数值可直接从云制造服务平台的 QoS 数据库中抽取；2）是硬件云服务的制造资源 QoS 指标，其值一般由云制造平台用户（包括服务使用者、服务提供者和平台运营方）提供，例如服务的产品加工时间、运输时间、外协价格、运输成本和每次服务的用户评价等，上述参数值可从制造服务平台用户输入的值中直接获取。

假设$\boldsymbol{S}=\{\boldsymbol{s}_1, \boldsymbol{s}_2, \cdots, \boldsymbol{s}_n\}$为制造云池中能提供同类服务的候选服务集，每个候选服务的 QoS 属性值用向量$\boldsymbol{q}_i=\{\boldsymbol{q}_{i1}, \boldsymbol{q}_{i2}, \cdots, \boldsymbol{q}_{im}\}$表示，则在选择云制造服务时候选服务的 QoS 相关信息可如下表示：

$$Q=\begin{bmatrix} q_1 \\ q_2 \\ \cdots \\ q_n \end{bmatrix}=\begin{bmatrix} q_{11}, & q_{12}, & \cdots, & q_{1m} \\ q_{21}, & q_{22}, & \cdots, & q_{2m} \\ \cdots, & \cdots, & \cdots, & \cdots \\ q_{n1}, & q_{n2}, & \cdots, & q_{nm} \end{bmatrix} \tag{3-6}$$

为计算云服务的综合效能，还需要对各个 QoS 指标进行量化。因为不同的 QoS 属性值和计量单位都存在很大的差异，不能进行直接的计算。所以，属性 QoS 量值必须以归一化方法统一量化处理，以便于后面的多目标决策，采用的统一量化效用函数：

$$Q_{ij}=\begin{cases} \dfrac{q_j^{\max}-q_{ij}}{q_j^{\max}-q_j^{\min}}, & q_j^{\max}-q_j^{\mathrm{mim}}\neq 0 \\ 1, & q_j^{\max}-q_j^{\min}=0 \end{cases} \tag{3-7}$$

$$Q'_{ij}=\begin{cases} \dfrac{q_{ij}-q_j^{\min}}{q_j^{\max}-q_j^{\min}}, & q_j^{\max}-q_j^{\mathrm{mim}}\neq 0 \\ 1, & q_j^{\max}-q_j^{\min}=0 \end{cases} \tag{3-8}$$

式中，$\boldsymbol{q}_j^{\max}$ 指服务类 $\boldsymbol{S}$ 中所有候选服务第 j 个属性的最大值；$\boldsymbol{q}_j^{\min}$ 指服务类 $\boldsymbol{S}$ 中所有候选服务第 j 个属性的最小值，每个候选服务的 QoS 属性可区分为正向属性和反向属性两类，正向属性表示值越大对服务请求者越有利，这是考虑 QoS 的最大化。例如，可靠性、可用性和服务的诚信度等，它们可通过式（3-8）计算。反向属性表示值越小对服务请求者越有利，这是考虑 QoS 的最小值。例如，价格、服务时间，可通过式（3-7）计算。式（3-6）经过统一量化后得到下面的矩阵：

$$Q'=\begin{bmatrix} Q_1 \\ Q_2 \\ \cdots \\ Q_n \end{bmatrix}=\begin{bmatrix} Q_{11}, & Q_{12}, & \cdots, & Q_{1m} \\ Q_{21}, & Q_{22}, & \cdots, & Q_{2m} \\ \cdots, & \cdots, & \cdots, & \cdots \\ Q_{n1}, & Q_{n2}, & \cdots, & Q_{nm} \end{bmatrix} \tag{3-9}$$

（3）QoS 信息校正。

在云服务优选过程中还需要特别关注不诚实评价问题。在实际业务中有些用户会恶意夸大或诋毁服务的质量，故意对服务提供商的信誉度给出差评或好评，而现有的服务 QoS 管理因缺乏有效的 QoS 数值更新和可信度检测机制，导致云服务 QoS 推荐值与实际体验结果出现严重偏差。本书采用在云制造服务平台中加入监测器，负责收集用户的反馈数据，并对反馈数据进行检查与核对，同时过滤过小或过大的恶意攻击数据来校正此偏差。判断是否是恶意性攻击的依据是采用用户协同过滤的思想，我们假设同类用户使用相同的服务给出的评价也应大致相同。

假设 A 用户和 B 用户共同使用过的服务集合为 $\boldsymbol{S}=\{\boldsymbol{s}_1, \boldsymbol{s}_2, \cdots, \boldsymbol{s}_k\}$，则 A

用户对已消费的 k 个服务给出的诚信评价则可表示为向量空间 Ua：$\{(\boldsymbol{s}_1, \boldsymbol{a}_1), (\boldsymbol{s}_2, \boldsymbol{a}_2), (\boldsymbol{s}_3, \boldsymbol{a}_3), \cdots, (\boldsymbol{s}_k, \boldsymbol{a}_k)\}$，B 用户给出诚信评价则可表示为向量空间 Ub：$\{(\boldsymbol{s}_1, \boldsymbol{b}_1), (\boldsymbol{s}_2, \boldsymbol{b}_2), (\boldsymbol{s}_3, \boldsymbol{b}_3), \cdots, (\boldsymbol{s}_k, \boldsymbol{b}_k)\}$，一般可采用向量之间的夹角余弦来表示两个向量之间的相似程度，余弦值越大表示相似程度越高。将向量之间的夹角余弦记为 $\mathbf{Cos}(\boldsymbol{Ua}, \boldsymbol{Ub})$，此余弦值即为两用户的相似度：

$$\mathbf{Cos}(\boldsymbol{Ua}, \boldsymbol{Ub}) = \sum_{i=1}^{k}(a_i \times b_i) \Big/ \left(\sqrt{\sum_{i=1}^{k} a_i^2} \times \sqrt{\sum_{i=1}^{k} b_i^2}\right) \tag{3-10}$$

通过上述方法，则可以找到与 A 用户的同类的用户集 $U = \{u_1, u_2, \cdots, u_m\}$，假设有 m 个同类用户，若 A 用户现对某个新服务 $\boldsymbol{s}$ 诚信度评价为 h_a，第 i 个用户给出的评价为 h_i，可知评价均值 $h\nu = \frac{1}{m}\sum_{i=1}^{m}$，则该用户评价的可信程度可表示为

$$\text{Honesty} = \begin{cases} 0, & |h_a - h\nu|/h\nu > 1 \\ 1 - \dfrac{|h_a - h\nu|}{h\nu}, & |h_a - h\nu|/h\nu \leqslant 1 \end{cases} \tag{3-11}$$

本书将 $h_a{}^*$Honesty 的值作为用户的最终评价值 h 由监测器写入 QoS 数据库，故用户评价可信程度的设置可以弱化或调整用户的主观性因素，过滤过小或过大的恶意性攻击数据。

3.3 制造云服务优选模型

3.3.1 三层属性优选模型

(1) 资源云动态属性的发布。

朱李楠等学者在三层属性制造云服务描述模式的基础上，将资源云的动态属性分为特征属性和状态属性。其中特征属性指资源云的非功能性属性，它是相对静态的，或在较长时间内具有相当的稳定性，只需定期更新即可；而状态属性指资源云目前所处的活动状态以及整体的性能现状，它是动态的，要根据实际情况实时更新。无论是相对静态还是动态，在这里都被称为资源云的动态属性。资源云动态属性的发布过程总结如下：

步骤 1：资源云提供方根据制造资源的实际情况创建或更新资源动态属性。这一步有可能是因为新资源的建立，也有可能是因为已有资源在服务提供的过程中所处状态发生了改变。

步骤 2：设置一个连接器的侦测模块定期地检测资源动态属性信息（实际检测频率可根据具体应用而定），用于及时发现和更新信息。因为资源种类和规格

的不同，检测内容与方法可根据实际资源进行动态调整。

步骤 3：连接器将侦测到的所有变更信息传递到确认模块。确认模块用于区分该动态属性改变的重要程度，从而确定是否要发布到 Web 服务云池。例如：完成一次服务任务之后，尽管 ResourceCloudAssessInfo 增加了一项内容，但对 AverageValue 影响非常小或不产生影响，则此次动态属性调整可被忽略，可在下一次对 AverageValue 较大影响时一起进行更新。

步骤 4：若该动态属性的变更非常重要，则通知模块将会把更新信息传递给云服务，从而改变云服务中所包含的资源属性。

步骤 5：依据云端用户的需要向云服务提出服务申请，云服务根据云端申请把所有带有资源云动态属性值的 WSDL 文件发送给云端。

(2) 动态属性的 WSDL 文件。

在资源云动态属性的发布过程中，WSDL 具体文本格式见图 3-1。

```
<definitions xmln:wsdl="http://schemas.xmlmwl.org/wsdl">
  <ResourceCloud>
    <ResourceCloud-info identifier="ResourceCloudID">
      <state>
        <description name=" " attrubutei="valuei" attributen="valuen"/>
          <description name=" ">
            <description name=" "/>
            ...
        </description>
            ...
      </state>
    <characteristics>
      <description name=" ">
            <description name=" "/>
              ...
          </description>
            ...
      </characteristics>
    </ResourceCloud-info>
</ResourceCloud>
```

图 3-1 有状态的 WSDL 文件

图 3-1 表示 ResourceCloud 段的基本结构。对于每一个资源云都有 ResourceCloud-info 元素，ResourceCloud - info 段中包含了用于唯一标志资源云的 ResourceCloudID 属性，以及 state 和 characteristics 两个子段。其中 ResourceCloudID允许资源提供者自己定义，也可由云制造系统自动生成。

3.3.2 本体驱动优选模型

有学者在制造云服务本体驱动表示模式的基础上，提出了基于本体驱动的制造云服务优选模型，建立了如下服务匹配策略：

步骤 1：对服务描述模型 S 中的服务所属类别 $S_{category}$ 和状态信息 S_{status} 进行匹配，把那些与用户请求服务类别相似度低或者状态信息为超负荷的服务过滤或删除。

步骤 2：对 S 中服务的功能信息进行匹配，即对服务的 Inputs，Outputs，Precondition和 Effects(IOPE 输入、输出、前提和结果）参数的语义进行匹配。

步骤 3：在服务功能属性匹配成功的基础上，对非功能性服务质量参数进行评定。

步骤 4：结合步骤 2 和步骤 3 的匹配结果，计算满足功能属性服务的最终相似度，并依据计算的相似度对候选服务进行排序，以选取最佳的服务返回给请求者。

3.3.3 上下文信息优选模型

研究者们在制造云服务上下文信息描述模式的基础上，提出了基于上下文信息的制造云服务优选模型。此模型是在分析现有服务资源属性检索技术和云制造服务资源特点基础上，给出的一种基于属性匹配的云制造服务资源搜索方法，通过建立云制造服务资源属性标准化分类描述模型；构建服务资源同义词字典集和属性字典集，并以此为基础构造关键词规范化算法和参数化的属性匹配算法。

在制造云模式下，属性信息对服务资源的发布、存储、发现和匹配起决定性作用。然而当前大部分研究都未充分考虑服务资源属性信息，仅在处理查询结果时将其作为参考，故制造云服务匹配搜索结果未能体现出云服务请求的内在需求，且制造服务资源地域分布分散，同义异名现象普遍存在，用户查询条件的规范化处理也是云制造实际应用中的迫切需求。所以文献［8］提出了应用于云制造应用平台的规范化的服务资源字典集，分为同义词字典和属性字典。

（1）同义词字典是记录服务资源每个关键词的主同义词的集合。主同义词是指关键词对应的属性。基于服务资源同义词字典，系统自动将服务请求中的关键词规范化为服务资源属性。

（2）服务资源属性字典用于汇集记录每个服务资源所具有的属性名称。属性名称严格对应于同义词字典的主同义词。基于服务资源属性字典，通过从服务请求中提取的属性信息，系统将会发现满足服务请求的服务资源类型。

基于属性描述匹配和上下文信息的云制造服务资源搜索实现框架见图 3-2。

上述框架主要由 3 个核心组件构成。

1）同义词字典主要负责实现用户检索词分词并将结果生成的关键词规范化，最后用其主同义词代替原关键词。主同义词参与后续步骤，直至将所有初始关键词与服务资源属性相对应。

2）服务资源属性字典负责提供每类服务资源所拥有的基本属性，一般包括

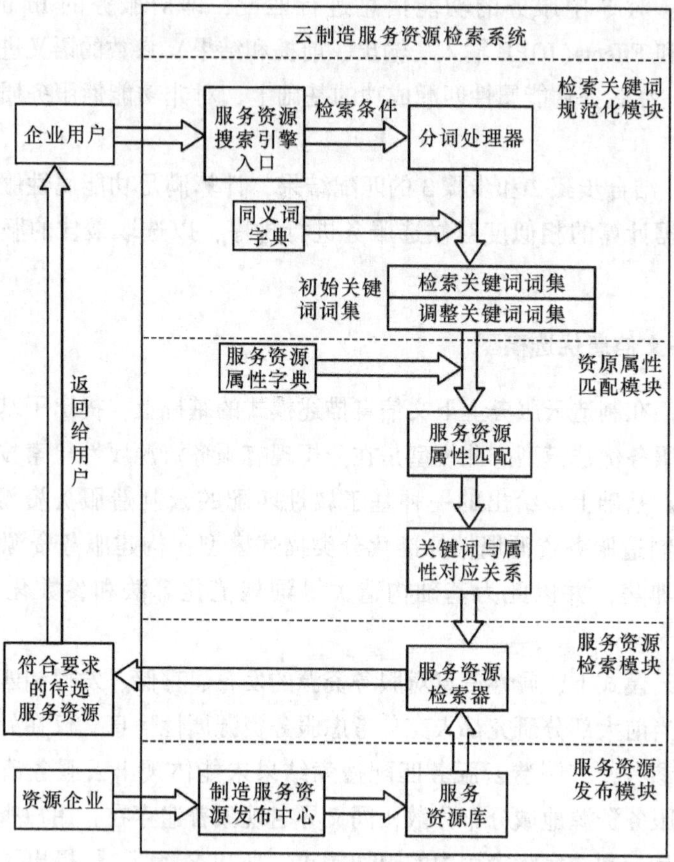

图 3-2 基于属性匹配的云制造服务资源搜索实现框架

商务属性、资源属性、表征属性、功能属性和技术属性五类，每一类的具体内容和要求因服务资源而异，但不同的服务资源可以有相同的属性。

3）服务资源检索器负责提供服务资源检索的各类算法，一般以初始的关键词词集（Keyword Sets，KS）中的关键词为查询条件，查找能够匹配特定属性的候选服务资源集。

3.3.4 多策略 QoS 感知的优选模型

研究人员在多策略 QoS 感知的制造云服务描述基础上，提出了多策略 QoS 感知的制造云服务优选模型。

假设对某服务 S，$C=\{q_1, q_2, \cdots, q_i\}$，为用户所关心指定的服务质量属性集，$C'=\{q_{i+1}, q_{i+2}, \cdots, q_n\}$ 为平台运营商所关心的指定的服务质量属性集。在进行选择与排序时相关服务的 QoS 则可以表示为

$$\text{QoS}\begin{pmatrix} S_1 \\ \vdots \\ S_m \end{pmatrix} = \begin{pmatrix} q_{11} & q_{12} & \cdots & q_{1n} \\ \vdots & \vdots & \vdots & \vdots \\ q_{m1} & q_{m2} & \cdots & q_{mn} \end{pmatrix} \tag{3-12}$$

式中，行$\{q_{j1}, q_{j2}, \cdots, q_{jn}\}$（$1 \leqslant j \leqslant m$）表示某个服务$S_j$分别在$\{q_1, q_2, \cdots, q_n\}$上的属性值；列$\{q_{1k}, q_{2k}, \cdots, q_{mk}\}$（$1 \leqslant k \leqslant n$）表示各相关服务在属性$q_k$上的所有值。

设用户关心的属性集为$C = \{q_1, q_2, \cdots, q_i\}$，对各属性限定的要求可设置如下：

$$Req(q_1, q_2, \cdots, q_i) = (req_1, req_2, \cdots req_n)$$

其中，$req_j = (1_j, u_j, w_j)$，$1 \leqslant j \leqslant i$，$w_j$是权重因子，表示用户对属性$q_j$的重视喜好程度，$1_j$，$u_j$分别是用户对属性$q_j$可以接受的上下值。运营商关心的QoS属性集为$C' = \{q_{i+1}, q_{i+2}, \cdots, q_n\}$，并为每一个属性指定自己的偏好程度$W' = \{w_{i+1}, w_{i+2}, \cdots, w_n\}$。

对于服务S_i，可通过效用函数分别计算用户和运营商对S_i的满意度。在设计效用函数时须遵循的基本原则如下：

（1）如果对S_i的QoS属性q_j，用户和运营商都没有指定任何要求，那么在计算的时q_j对满意度不产生任何影响。

（2）如果针对属性q_j，用户和运营商中只要有一个对其提出要求，则q_j会对计算的满意度产生一定的影响。

考虑到不同QoS属性在属性值和单位上有很大的不同，就如文献［15］中所述，直接进行计算，必会因数量级差异导致计算结果存在不合理。因此，为避免此种差异对服务排序造成影响，在计算得分时，首先需要对所有属性进行统一量化处理。若给出函数$Q_{i,j}$，来计算任一服务S_i在属性q_j上的得分，对于成本型的属性，如服务的价格、响应时间等，其值越大，则表示服务的质量越差，可采用如下方法统一量化：

$$Q_{i,j} = \begin{cases} \dfrac{q_j^{\max} - q_{ij}}{q_j^{\max} - q_j^{\min}}, & \text{if}(q_j^{\max} - q_j^{\min} \neq 0) \\ 1, & \text{if}(q_j^{\max} - q_j^{\min} = 0) \end{cases} \tag{3-13}$$

针对效益型属性，如服务的安全性、可靠性等，其值越大，表示服务的质量越好，可采用如下方法统一量化：

$$Q_{i,j} = \begin{cases} \dfrac{q_{ij} - q_j^{\min}}{q_j^{\max} - q_j^{\min}}, & \text{if}(q_j^{\max} - q_j^{\min} \neq 0) \\ 1, & \text{if}(q_j^{\max} - q_j^{\min} = 0) \end{cases} \tag{3-14}$$

经过统一量化处理后，可得到下面的矩阵来进行后续的计算。

$$\mathrm{QoS}'\begin{pmatrix} S_1 \\ \vdots \\ S_m \end{pmatrix} = \begin{pmatrix} Q_{11} & Q_{12} & \cdots & Q_{1n} \\ \vdots & \vdots & \vdots & \vdots \\ Q_{m1} & Q_{m2} & \cdots & Q_{mn} \end{pmatrix} \tag{3-15}$$

3.3.5 双向匹配优选模型

3.3.5.1 基于云模型的语言指标量化

赵金辉等人在双向匹配制造云服务描述模式的基础上，提出了双向匹配的制造云服务优选模型。为了方便计算机自动处理相关信息，采用云模型实现语言描述的定性概念向定量数值的不确定性转换。制造云模型所描述概念的整体特性可采用云的三个数字特征来描述：期望 Ex、熵 En、超熵 He，称为云的特征向量，记作 $C(Ex, En, He)$ 。其中（1）Ex 为属性概念在论域上的中心位置，用于代表定性概念的值；（2）En 指定性概念随机性的衡量，用于表示定性概念云滴的离散程度；（3）He 指对熵不确定性的衡量，由熵的随机性和模糊性共同决定。

一般在云制造服务优选过程中可将评语分为 5 个等级，所以各指标的短语评价也可划分为五个等级，如 $G = \{g1, g2, g3, g4, g5\}$ ，分别表示“很好/很难、好/难、一般/一般、差/易、很差/很易”。依据领域专家指定的有效论域 $[x_{\max}, x_{\min}]$ ，可生成五朵云：(1) 中间一朵为 $C_0(Ex_0, En_0, He_0)$，即表示评语“一般”；(2) 左边为半降云：$C-1(Ex-1, En-1, He-1)$ 和 $C-2(Ex-2, En-2, He-2)$，分别代表“差 / 易” 和“很差 / 很易”；(3) 右半边为半升云：$C+1(Ex+1, En+1, He+1)$ 和 $C+2(Ex+2, En+2, He+2)$ ，分别代表“好/难” 和 “很好/很难”。利用黄金分割可生成如下五朵云的数字特征计算方法：

$$Ex_{+2} = x_{\max}$$
$$Ex_{+1} = Ex_0 + 0.383(x_{\min} + x_{\max})/2$$
$$Ex_0 = (x_{\min} + x_{\max})/2$$
$$Ex_{-1} = Ex_0 - 0.383(x_{\min} + x_{\max})/2$$
$$Ex_{-2} = x_{\min}$$
$$En_{-1} = En_{+1} = 0.382(x_{\min} - x_{\max})/6$$
$$En = 0.618En_{+1}$$
$$En_{-2} = En_{+2} = En_{+l}/0.618$$
$$He_{-1} = He_{+1} = He_0/0.618$$
$$He_{-2} = He_{+2} = He_{+1}/0.618$$

3.3.5.2 基于可变模糊理论的满意度计算

1965 年札德建立的模糊集理论，为模糊概念、事物、现象的研究提供了科学的理论与方法。大连理工大学水资源与防洪研究所陈守煜教授在国内最先将模糊集理论引入水文水资源系统研究中，创建了模糊水文水资源学，相继提出水文水资源的模糊不确定性系统理论，汛期模糊集分析，防洪系统模糊优选决策，径流中长期预报模糊聚类与识别，库群防洪调度模糊优选动态规划等，是当时水文水资源学研究的新视角。在应用札德模糊集理论进行模糊水文水资源学研究的同时，陈守煜教授针对该理论存在着绝对、静态、不变的理论缺憾，创造性地提出相对隶属度概念，建立了以相对隶属度概念为基础的工程模糊集理论、模型与方法，进而将其发展为可变模糊集，并且第一次用严密的数学定理表达了唯物辩证法三大规律，成为沟通数学与哲学两大学科之间联系的桥梁，是札德模糊集理论的高度发展和极大突破。

根据可变模糊集定义，假设 $X_0=[a, b]$ 为某属性指标满足用户需求的可变模糊集合区间；M 点为 $[a, b]$ 区间中最满意点的位置，其值根据实际问题确定；$X=[c, d]$ 为该属性包含 X_0 的某一个取值范围区间。

依据 x 相对于 M 点的位置，可计算相对差异度 $D_{\underline{A}}(x)$。当 x 点的位置在 M 点左侧时：

$$\begin{cases} D_{\underline{A}}(x)=\left(\dfrac{x-a}{M-a}\right)^{\beta}, & x\in[a, M] \\ D_{\underline{A}}(x)=-\left(\dfrac{x-a}{c-a}\right)^{\beta}, & x\in[c, a] \end{cases} \tag{3-16}$$

当 x 点的位置在 M 点右侧时：

$$\begin{cases} D_{\underline{A}}(x)=\left(\dfrac{x-b}{M-b}\right)^{\beta}, & x\in[M, b] \\ D_{\underline{A}}(x)=-\left(\dfrac{x-b}{d-b}\right)^{\beta}, & x\in[b, d] \end{cases} \tag{3-17}$$

当 x 落在区间 X 之外时：

$$D_{\underline{A}}(x)=-1,\ x\notin[c, d] \tag{3-18}$$

式中，β 是一个非负的指数，代表采用距离的模式。

式(3-16)和式(3-17)满足以下条件：1）当 $x=a$ 时，$x=b$ 时，$D_{\underline{A}}(x)=0$；2）当 $x=M$ 时，$D_{\underline{A}}(x)=1$；3）当 $x=c$，$x=d$ 时，$D_{\underline{A}}(x)=-1$。

一旦确定了 $D_{\underline{A}}(x)$，接下来就可以计算相对隶属度 $\mu_{\underline{A}}(x)$：

$$\begin{cases} \mu_{\underline{A}}(x)=\dfrac{1+D_{\underline{A}}(x)}{2}, & x\in X \\ \mu_{\underline{A}}(x)=0, & x\notin X \end{cases} \tag{3-19}$$

依据模糊识别方法可得到 μ_j 对 s_i 的综合评价结果：

$$
\begin{cases}
{}_h\delta_{ji} = \dfrac{1}{1 + \left\{ \dfrac{\sum\limits_{k=1}^{f} [\omega_k(1-\mu_i(k)_h)]^{p}}{\sum\limits_{k=1}^{f} [\omega_k \mu_i(k)_h]^{p}} \right\}^{a/p}}, & s_i \text{ 满足 } \mu_j \text{ 的硬约束} \\
{}_0\delta_{ji} = 1,\ {}_1\delta_{ji} = 0, & \text{其他}
\end{cases}
\tag{3-20}
$$

式中，${}_h\delta_{ji}$为非归一化的满意度与不满意度，$h=0$ 表示不满意程度，$h=1$ 表示满意程度；a 为优化准则参数，$a=\{1, 2\}$；p 表示距离参数，1 为海明距离，2 为欧氏距离；ω_k 表示需求方对属性的偏好程度，且 $\sum\limits_{k=1}^{f}\omega_k = 1$。

由式（3-20）可得非归一化的满意程度矩阵

$$\delta'_{ji} = ({}_h\delta_{ji}) \tag{3-21}$$

将式（3-21）归一化，可得到 u_j 对所有服务的综合相对满意度矩阵。由于归一化后满意度与不满意度之和为 1，只取满意度构成满意度矩阵：

$$\tilde{\delta}_{ji} = ({}_1\delta'_i) \tag{3-22}$$

同理，可得服务 s_i 的提供方对所有需求方的综合满意度矩阵：

$$\tilde{\delta}_{ji} = ({}_1\delta'_j) \tag{3-23}$$

3.3.5.3 优化双解

如果以双方最大满意度为最优目标，则可以建立如下优化模型：

$$\max \sum_{i=1}^{n}\left(\sum_{j=1}^{m} x_{ij}\tilde{\delta}_{ij}\right) \tag{3-24}$$

$$\max \sum_{i=1}^{n}\left(\sum_{j=1}^{m} x_{ij}\tilde{\beta}_{ij}\right) \tag{3-25}$$

$$\text{s.t.}\quad \sum_{i=1}^{n}\chi_{ij} \leqslant 1,\ j=1, 2, \cdots, m \tag{3-26}$$

$$\sum_{j=1}^{m}\chi_{ij} \leqslant \theta_i,\ i=1, 2, \cdots, n \tag{3-27}$$

$$\sum_{s_i \in S}\tilde{\delta}_{ij}\chi_{ij} \geqslant th_i \sum_{s_i \in S}\chi_{ij},\ \forall u_j \in U \tag{3-28}$$

$$\sum_{u_j \in U}\tilde{\delta}_{ij}\chi_{ij} \geqslant th_i \sum_{u_j \in U}\chi_{ij},\ \forall s_i \in S \tag{3-29}$$

式中，$\chi_{ij}=\{0, 1\}$，在模型中式（3-24）和式（3-25）为目标函数，作用是使需求方满意度与服务提供方的满意度最优；约束条件式（3-26）代表在一次匹配过程中，需求者只能选择其中一个服务；约束条件式（3-27）代表服务的负载上限为 θ_i；约束条件式（3-28）和式（3-29）分别代表服务选择匹配时服务提供方和需求方必须满足最低的满意度。

上述优化模型是一个多目标线性 0-1 整数规划模型。为求解该模型，采用基于隶属度函数的加权和方法对目标函数进行处理，将其转化为线性单目标求解过程。给定权重系数 ω_1 和 ω_2，其中 $\omega_1+\omega_2=1$，则上述多目标优化模型转化为单目标规划模型：

$$\max Z = \omega_1 \sum_{i=1}^{n}\left(\sum_{j=1}^{m} x_{ij}\widetilde{\delta}_{ij}\right) + \omega_2 \sum_{i=1}^{n}\left(\sum_{j=1}^{m} x_{ij}\widetilde{\beta}_{ij}\right) \tag{3-30}$$

上述模型可以通过线性规划的方法进行求解。制造业的生产制造任务一般是按照一定流程组合而成的制造云服务集合。

3.3.6 层次分析优选模型

唐雨等学者在层次分析制造云服务描述方式的基础上，提出了层次分析优选模型。因为从建立的 QoS 模型的四个主要属性考虑，制造云服务的组合优选结果应该满足运行信誉尽可能好、时间尽可能短、可靠性尽可能高、费用尽可能低，所以建立的云服务组合优选问题模型可表达为如下：

$$\mathrm{Min}Z(p_i) = a_1T(P_i) + a_2C(P_i) + a_3/R_{ep}(P_i) + a_4/R(P_i) \tag{3-31}$$

式（3-31）中的 a_1 至 a_4 分别是通过层次分析法确定的 QoS 各属性的权重。考虑到公式采用的是求目标函数最小值的方法，而信誉和可靠性的值是越大越好，因而我们取其倒数。综上，使目标函数 $Z(P_i)$ 值最小的云服务组合执行路径 P_i 应为该云服务组合优化问题的最优解。下面介绍一下采用改进的粒子群算法进行求解的思路。

粒子群算法（PSO）是在 1995 年提出的一种进化计算算法，下面为使用 PSO 算法经典的迭代更新公式：

$$v_{i,k}^{i+1} = \varpi v_{i,k}^{t} + c_1r_1(\rho Best_{i,k}^{t} - X_{i,k}^{t}) + c_2r_2(gBest_k^t - X_{i,k}^{t}) \tag{3-32}$$

$$X_{i,k}^{i+1} = X_{i,k}^{t} + v_{i,k}^{t+1} \tag{3-33}$$

式中，$v_{i,k}^{i+1}$、$X_{i,k}^{t}$ 分别代表第 i 个粒子在第 t 次迭代中第 k 维的坐标位置和位移。$\rho Best_{i,k}^{t}$、$gBest_k^t$ 分别代表在第 t 次迭代中第 i 个粒子自身经过的最好位置和整个粒子群经过的最好位置。r_1，r_2 为分布于［0，1］的随机数，ϖ 是惯性因子，c_1 为个体学习因子，c_2 为全局学习因子。

为避免上述算法过早陷入局部最优，引入遗传算法中的交叉算子，形成的改进的粒子群算法，并对 PSO 算法中的参数作动态调整。下面采用如下公式对 r_1、r_2 进行优化：

$$r_i^{i+1} = 4 \times r_i^t \times (1 - r_i^t) \tag{3-34}$$

其中 r_i^t 是迭代第 t 次的值；$i=\{1, 2\}$。惯性因子 ϖ 为控制参数，在搜索前期一般设 ϖ 足够大，希望算法有很好的全局搜索能力，而后期 ϖ 可以自动减小，为提高搜索精度，增强局部搜索能力，加快收敛速度，所以需要对 ϖ 进行动态改进。根据大量反复实验，取其初值为 0.91，动态变化公式如下：

$$\varpi = 0.91 - t \times \frac{0.5}{T} 0.5 \tag{3-35}$$

式中，t 为当前进化代数；T 为最大进化代数。

交叉变异的过程如下：引入交叉算子，让当前粒子 p_i 只与个体极值粒子 $pBest^i$ 进行交叉，实现当前粒子与最优粒子的信息共享，取得新的粒子 NP_i，全局粒子也可按同样的方式进行。个体粒子的变异算子表示为 Vec_i^{pBest}，全局粒子的变异算子表示为 Vec_i^{gBest}。具体变异可如下表示（以 4 维 $Vec_i^{pBest}(0, 1, 1, 0)$ 为例）：

$$\begin{cases} p_i(a_1, a_2, a_3, a_4) \\ pBest_i(b_1, b_2, b_3, b_4) \end{cases} \xrightarrow{Veq^{pBest}(0, 1, 1, 0)} NP_i(a_i, b_2, b_3, a_4) \tag{3-36}$$

3.3.7 作业排序优选模型

学者们在作业排序描述模式的基础上，提出了一种作业排序优选模型，重点建立了制造云服务的筛选规则。筛选规则是制造云服务筛选时必须遵循的过滤规则，其基本规则是满足云服务使用方的要求。因为涉及各方面指标和不同约束，有的被限定在特定范围，有的被限定为不低于或不高于某一水平，筛选规则被设计成区间筛选规则和阈值筛选规则。

（1）区间筛选规则。对于限定在特定范围的指标，可用区间作为筛选约束条件，提供方区间值应该在需求方要求的区间内。以时间窗为例，假设第 h 个制造任务（ST_h）的时间窗 $[T_h^{es}, T_h^{lf}]$，满足其功能性需求的第 j 个制造云服务（S_{hj}）的时间窗为 $[T_{hj}^s, T_{hj}^f]$，则双方时间窗理应存在交集，且 S_{hj}完成 ST_h 提前期所需 T_{hj}^e和 T_{hj}^l满足时区时长要求，可用式（3-37）表示。

$$\begin{cases} [T_{hj}^s, T_{hj}^f] \cap [T_h^{es}, T_h^{lf}] \neq \Phi \\ \max(T_h^{es}, T_{hj}^s) + T_{hj}^e + T_{hj}^l \leqslant (T_h^{lf}, T_{hj}^f) \end{cases} \tag{3-37}$$

（2）阈值筛选规则。对于限定为不低于（效益型）或不高于（成本型）特定水平的指标，可用阈值作为筛选约束条件。这里需要考虑指标的两种不同类型，效益型指标如信誉、可用性、产能、质量、可靠性等指标可用式（3-38）所示的阈值筛选规则；成本型指标如价格等可用式（3-39）所示的阈值筛选规则。实际上，阈值筛选规则主要是要过滤相应属性低于最低阈值或高于最高阈值的制造云服务。

$$\begin{cases} S\_i \geqslant ST\_i^0, \ i \in I^+ & (3-38) \\ S\_i \geqslant ST\_i^0, \ r \in I^- & (3-39) \end{cases}$$

式中，S_i 表示制造云服务第 i 个指标的属性值；ST_i^0 表示云服务使用方限定的第 i 个指标的阈值；I^+ 表示效益型指标；I^- 表示成本型指标。

3.3.8 信息校正优选模型

上述所有优选模型虽然对制造云服务的优选提出了各种思路和方案，但都未能很好地解决不诚实评价问题，作者在文献［15］提出的信息校正描述模式的基础上，进一步提出了带信息校正功能的制造云服务优选模型。基于服务质量的制造云服务选择在 QoS 信息感知的基础上，需要综合考虑服务的所有 QoS 指标性能，权衡指标之间的重要程度即权重，是一个典型的多目标决策优化问题，YANG E F 等人基于遗传算法对满足功能性需求及质量要求的候选服务进行了过滤和选择，提取出满足用户约束条件的可用候选服务集。Eyhab Al-Masri 等人采用归档式多目标模拟退火算法同时优化多个 QoS 目标函数以产生一组 Pareto 优化解，采用全局 QoS 约束筛选出满足约束条件的 Pareto 最优解集。当前多目标决策普遍采用的方法是通过计算决策因子之间的权重比进行决策分析，权重计算方法有 AHP 层次分析法等，上述方法都需要加入人工经验值，明显存在较强的主观性成分，取得的决策结果显然不够客观，本人研究引入粗糙集理论（Rough Set，RS）计算决策因子的权重的方案。

3.3.8.1 粗糙集理论

1982 年，波兰学者 Z. Paw lak 提出了粗糙集理论——它是一种刻画不完整性和不确定性的数学工具，能有效地分析不精确、不一致（inconsistent）、不完整（incomplete）等各种不完备的信息，还可以对数据进行分析和推理，从中发现隐含的知识，揭示潜在的规律。

粗糙集理论是建立在分类机制的基础上的，它将分类理解为在特定空间上的等价关系，而等价关系构成了对该空间的划分。粗糙集理论将知识理解为对数据的划分，每一被划分的集合称为概念。粗糙集理论的主要思想是利用已知的知识库，将不精确或不确定的知识用已知的知识库中的知识来（近似）刻画。

粗糙集理论与其他处理不确定和不精确问题理论的最显著的区别是：它无需提供问题所需处理的数据集合之外的任何先验信息，所以对问题的不确定性的描述或处理可以说是比较客观的，由于这个理论未能包含处理不精确或不确定原始数据的机制，所以这个理论与概率论、模糊数学和证据理论等其他处理不确定或不精确问题的理论有很强的互补性。

（1）基本集概念。基本集（elementary set）定义为由论域中相互间不可分辨的对象组成的集合，是组成论域知识的颗粒。不可分辨关系这一概念在粗糙集理论中十分重要，它深刻地揭示出知识的颗粒状结构，是定义其他概念的基础。知识可认为是一簇等效关系，它将论域分割成一系列的等效类。

（2）集合概念。粗糙集理论延拓了经典的集合论，把用于分类的知识嵌入集合内，作为集合组成的一部分。一个对象 a 是否属于集合 X 需根据现有的知识来判断，可分为三种情况：1）对象 a 肯定属于集合 X；2）对象 a 肯定不属于集 X；3）对象 a 可能属于也可能不属于集合 X。

集合的划分密切依赖于我们所掌握的论域的知识，是相对的而不是绝对的。给定一个有限的非空集合 U 称为论域，I 为 U 中的一簇等效关系，即关于 U 的知识，则二元对 $K=(U, I)$ 称为一个近似空间（approximation space）。设 x 为 U 中的一个对象，X 为 U 的一个子集，$I(x)$ 表示所有与 x 不可分辨的对象所组成的集合，换句话说，是由 x 决定的等效类，即 $I(x)$ 中的每个对象都与 x 有相同的特征属性（attribute）。

因为粗糙集定权是直接从历史数据记录分析各个决策条件属性的重要程度，明显具有更强的客观性。采用粗糙集理论前需对各制造云服务 QoS 属性值进行聚类化处理，作者采用 K 中心聚类方法。

3.3.8.2 k 中心聚类方法

k 中心算法的基本过程是：首先为每个簇随意选择一个代表对象，剩余的对象根据其与每个代表对象的距离（此处距离不一定是欧氏距离，也可能是曼哈顿距离）分配给最近的代表对象所代表的簇；然后反复用非代表对象来代替代表对象，以优化聚类质量。聚类质量用一个代价函数来表示。当一个中心点被某个非中心点替代时，除了未被替换的中心点外，其余各点被重新分配。

为了减轻 k 均值算法对孤立点的敏感性，k 中心点算法不采用簇中对象的平均值作为簇中心，而选用簇中离平均值最近的对象作为簇中心。

算法如下：

输入：包含 n 个对象的数据库和簇数目 k；

输出：k 个簇

（1）随机选择 k 个代表对象作为初始的中心点；

（2）指派每个剩余对象给离它最近的中心点所代表的簇；

（3）随机地选择一个非中心点对象 y；

（4）计算用 y 代替中心点 x 的总代价 s；

（5）如果 s 为负，则用可用 y 代替 x，形成新的中心点；

（6）重复（2）（3）（4）（5），直到 k 个中心点不再发生变化。

由于现实制造业务中数据一定会存在噪声和干扰，为了增强粗糙集的抗干扰能力，Ziarko 于 1993 年利用相对错误分类率提出了一种变精度粗糙集模型，该模型通过引入一个精度 β，放宽标准粗糙集对近似边界的要求，将集合的上、下近似推广到任意精度水平 $\beta \in [0, 0.5)$，当 $\beta=0$ 时，变为经典的粗糙集模型。

假设四元组 $\boldsymbol{I}=(\boldsymbol{U}, \boldsymbol{A}=\boldsymbol{C} \cup \boldsymbol{D}, \boldsymbol{V}, \boldsymbol{F})$ 为 QoS 信息决策系统，$\boldsymbol{U}$ 表示实

例对象有限论域的非空子集，$\boldsymbol{U}=\{\boldsymbol{x}_1, \boldsymbol{x}_2, \cdots, \boldsymbol{x}_n\}$，为 n 条历史记录；$\boldsymbol{A}$ 表示 QoS 属性的非空有限集合，$\boldsymbol{C}=\{\boldsymbol{a}_1, \boldsymbol{a}_2, \cdots, \boldsymbol{a}_{m-1}\}$ 为 QoS 的条件属性集，$\boldsymbol{D}=\{\boldsymbol{a}_m\}$ 表示决策属性集，V 表示属性集合的值域，F 表示每个属性映射到值域的信息函数。

定义 3.2 假设 X 和 Y 为有限论域的非空子集，如果有 $X\subseteq Y$，$\subseteq$为偏序关系，则

$$c(X, Y)=\begin{cases}1-\dfrac{X\cap Y}{|X|}, & X\neq\phi\\ 0, & X=\phi\end{cases} \tag{3-40}$$

式中，$|\boldsymbol{X}|$ 表示集合的基数，即等价类中对象的个数。$c(\boldsymbol{X}, \boldsymbol{Y})$ 为 X 关于 Y 的相对错误分类率，令 $0\leqslant\beta<0.5$，则存在多数包含关系$Y\overset{\beta}{\supseteq}X\Leftrightarrow c(X, Y)\leqslant\beta$，当$c(X, Y)=0$ 时代表 $\boldsymbol{Y}$ 标准的包含 $\boldsymbol{X}$。

在 QoS 信息决策系统中，作者设 $\boldsymbol{X}=\boldsymbol{U}/\boldsymbol{C}=\{\boldsymbol{X}_1, \boldsymbol{X}_2, \cdots, \boldsymbol{X}_{|U/C|}\}$，表示论域 $\boldsymbol{U}$ 依据条件属性集 $\boldsymbol{C}$ 划分的等价类。$\boldsymbol{Y}=\boldsymbol{U}/\boldsymbol{D}=\{\boldsymbol{Y}_1, \boldsymbol{Y}_2, \cdots, \boldsymbol{Y}_{|U/D|}\}$ 表示论域 $\boldsymbol{U}$ 依据决策属性集 $\boldsymbol{D}$ 划分的等价类。

定义 3.3 假设给定一个 $\beta\in[0, 0.5)$，$\boldsymbol{Y}_j$ 关于条件属性集 $\boldsymbol{C}$ 的 β 下近似可定义为

$$Pos_{X_k}^{\beta}(Y_j)=\cup\{Y\in U/D \mid c(X_i, Y_j)\leqslant\beta\} \tag{3-41}$$

式中，$Pos_{X_k}^{\beta}(Y_j)$ 表示 β 正区域，也称为 $C_\beta(Y_j)$，是所有决策类 $\boldsymbol{Y}_j$ 的下近似构成的集合 $\{C_\beta(\mathrm{Y}_1), C_\beta(\mathrm{Y}_2), \cdots, C_\beta(\mathrm{Y}_{|U/D|})\}$，为各决策类关于 U/C 的概率分布。

定义 3.4 条件属性的信息量反映了该属性对数据对象的分类能力，信息量越大区分对象的能力越强。对任一条件属性 α_p 本人采用下面公式计算信息量：

$$\gamma(\alpha_p)=\frac{1}{|U|^2}\sum_{i=1}^{|U/a_p|}|X_i|^2,\ a_p\in C \tag{3-42}$$

式中，$\boldsymbol{X}_i$ 表示 $\boldsymbol{U}$ 依据条件属性 a_p 划分的各个等价类；$|\boldsymbol{X}_i|$表示各个等价类的基数。

定义 3.5 条件属性的被依赖度反应了决策属性分类对该属性的依赖程度，被依赖度越大，代表该属性越关键，作者将条件属性 α_p 的被依赖度表示为

$$\lambda(a_p)=\frac{\sum_{j=1}^{|U/D|}|Pos_{a_p}^{\beta}(Y_j)|}{|U|} \tag{3-43}$$

条件属性的信息量和依赖度代表了属性重要程度的不同方面，需要综合考虑，作者以两者同等重要来处理。式（3-42）和式（3-43）计算得到的依赖度和信息量表示的是各个属性分散的信息，仍须进一步归一化处理，归一化的数据

表示各条件属性的重要程度，即为权重。作者给出如下归一化方法：

$$w_p = \frac{(\gamma(a_p) + \lambda(a_p))/2}{\sum_{p=1}^{m-1}(\gamma(a_p) + \lambda(a_p))/2} \tag{3-44}$$

显然 $\sum_{p=1}^{m-1} w_p = 1$。

3.4 制造云服务优选常用算法

3.4.1 三层属性优选算法

研究人员在三层属性制造云服务描述模式和优选模型的基础上，提出了资源云发布、发现和匹配算法。

(1) 资源云发布方法。

步骤 1：当资源云提供方向云代理发布信息时，提供方将会给出有关云服务的相关信息（如 QoS 信息）等，同时也可以依据需要提供有关提供方的个体信息（如联系方式、姓名等），方便于以后用户进行索引。

步骤 2：云代理在取得云服务属性以后，就会从云服务中取得完整有状态的 WSDL 文件。考虑到有的状态 WSDL 文件已经包含了资源云所有的特征属性和状态属性，故云代理也因此取得了服务（service）、提供者（provider）和资源（resource）的三层属性。

步骤 3：在取得有状态的 WSDL 文件后，云代理就会自动读取资源云属性（包括 characteristic 和 state 信息），并将这三层属性存储至云制造平台数据库中，即将云服务属性存储到 Services 数据库、提供方属性存储到 Providers 数据库、资源云属性存储到 Resources 数据库。上述分布式信息存储方式能较好地提高属性调整的效率，当某一属性调整时，只要调整其中的某一个数据库即可，而无须全部更新。

步骤 4：当云服务中的相关信息（如服务属性信息、资源属性信息等）有变更时，云代理就能够自动获得其更新通知，从而更新其自身的云代理数据库。

(2) 资源云的发现与匹配方法。

因为云代理在云服务提供者和消费者之间所发起的纽带作用，云端用户（包括企业、个人或某程序等）能够通过制造云服务代理来获得资源、服务和提供者的所有属性信息。

步骤 1：当云端用户在搜索资源和服务时，用户向云代理上传相关的属性要求（包括云服务、提供者或资源云的任意属性）。如果需要，用户还可以提交返回数据规范属性要求，方便云代理的处理结果能按用户需求的方式返回，如有些用户会提出只返回提供者位置信息等要求。

步骤 2：云代理将从数据库中寻找所有与用户提交的属性信息相匹配的数据，按云服务属性、资源云属性、提供者属性的顺序进行匹配。若云代理没能找到匹配数据，则系统自动将用户提交的属性要求发送给其他的云代理，从而间接地获得匹配数据。若始终未找到匹配数据或超时，则返回相应错误信息。

步骤 3：若找到匹配数据，则云代理将启动适配模块（adaptation），从而将匹配数据中与用户无关的数据过滤，并最终转换成用户能够理解或兼容的数据结构。

步骤 4：将发现结果返回给云端用户。

3.4.2 本体驱动优选算法

3.4.2.1 本体概念相似度算法

李慧芳在本体驱动服务描述模式和优选模型的基础上，提出了本体驱动的优选算法。利用定义 $S_c(C1, C2)=1/(1+p)$（$p\geqslant 0$）来评估服务本体概念 $C1$ 和 $C2$ 之间的相似度，其中 p 表示概念之间的最短路径长度。但是该方法存在计算数值不精确的问题，因为只考虑了本体树中两个概念节点之间的路径长度，而忽略了概念节点本身在树中所处的深度和本体树的密度。本体分类树中第 n 层节点的边的权重进行计算：

$$W_{(n)}=\frac{1}{2^{n-1}} \tag{3-45}$$

本体概念之间的语义距离（distance）为路径长度（length）与相应路径权重的乘积，而路径权重为路径所经历的所有边的权重 $W(n)$ 之和。语义距离的定义如下：

$$\mathrm{distance}(C_1, C_2)=\begin{cases}0, & C_1 \text{ 和 } C_2 \text{ 为同一概念} \\ \mathrm{length}\times\sum W(n), & C_1 \text{ 和 } C_2 \text{ 为继承关系} \\ \infty, & C_1 \text{ 和 } C_2 \text{ 没有继承关系}\end{cases} \tag{3-46}$$

式中，length 表示 C_1 和 C_2 之间的路径长度；$\sum W(n)$ 表示 C_1 和 C_2 之间路径权重。有了语义距离，就可以构造合理的相似度函数，两者之间的关系可描述如下：节点之间的语义距离越短，节点对应的概念之间的相似度就越高，如果语义距离为 0，则表示概念相似度最高（值为 1），如果语义距离为∞，则概念相似度最低（值为 0）。因此可用 0~1 之间的实数来表示概念的相似度，Exact 表示相似度为 1，Fail 表示相似度为 0，考虑到 Plugin 比 Subsume 匹配的相似度高，可定义输出概念的相似度函数为

$$\mathrm{Sim}(C_1, C_2)=\begin{cases}0, & C_1 \text{ 和 } C_2 \text{ 无继承关系}\\ \dfrac{1}{1+\mathrm{distance}(C_1, C_2)}, & C_1 \text{ 所在层次比 } C_2 \text{ 低}\\ \dfrac{1}{1+\delta\times\mathrm{distance}(C_1, C_2)}, & C_1 \text{ 所在层次比 } C_2 \text{ 高}\\ 1, & C_1 \text{ 和 } C_2 \text{ 为同一概念}\end{cases} \tag{3-47}$$

式中，δ 参数可调（$1\leqslant\delta\leqslant 2$），$\delta$ 的取值直接影响语义相似度的大小。δ 越大，Plugin 和 Subsumes 的区别就越明显。

3.4.2.2 服务匹配算法

基于本体驱动的整个服务匹配算法流程可分为 4 个基本步骤，这里约定 A 表示请求的制造云服务。

步骤 1：对服务类别和状态信息进行匹配。利用服务类别和状态信息进行匹配，快速过滤无关的服务，提高服务搜索效率，具体算法流程如下：

输入：WS 为注册中心的服务集合；$A.S_{\mathrm{category}}$ 为服务 A 的类别信息；$\zeta_{\mathrm{category}}$ 为设定的类别匹配度，i 表示注册中心服务的序号（$i=1, 2, \cdots, K_1$），初始值 $i=1$。

输出：匹配服务集合 WS_1，相应的匹配度集合 d。

初始状态：$WS_1=\Phi$，$d=\Phi$

（1）如果 $WS\neq\Phi$，则对于 WS 中的第 i 个服务 $S_i\in WS$，则可利用式（3-46）计算请求服务 A 和发布服务 S_i 的相似度 $d_i=\mathrm{Sim}(A.S_{\mathrm{category}}, S_i.S_{\mathrm{category}})$。若 $d_i>\zeta_{\mathrm{category}}$，且 $S_i.S_{\mathrm{status}}$=超负荷，则保留服务 S_i，即 $WS_1=\{S_i\}\cup WS_1$，$d=\{d_i\}\cup d$。

（2）$i=i+1$。若 $i\leqslant K_1$，则转（1），否则转（3）。

（3）算法终止，返回匹配服务集合 WS_1 及其相应的匹配度集合 $d=(d_1, d_2, \cdots, d_{k_2})$。

步骤 2：对服务功能信息进行匹配。服务功能的匹配主要包括服务输入、输出之间的匹配，而服务输入、输出概念的相似度可以用式（3-47）计算。因为请求的服务和发布的服务可能包含多个输入和输出参数，只有当请求服务的每一个输入和输出与发布服务的每一个输入和输出完全匹配时，两个服务功能信息才是匹配的。

服务功能信息匹配算法的基本思路：（1）对请求服务和发布服务的每一个输入/输出进行匹配。设请求服务 A 有 m 个输出，发布服务 B 有 n 个输出，则 $m>n$时，两个服务不能匹配；（2）当 $m\leqslant n$ 时，针对 A 的第一个输出，计算其和 B 的所有输出的匹配度。当计算取得的匹配度 max 值大于预先设定的匹配阈值时，记录最大匹配度对应的输出参数。（3）同样道理，逐个计算 A 的剩余 $m-1$

个输出和 B 的 $n-1$ 个输出的最大匹配度，并记录相应的输出参数。针对 A 的 p 个输入和 B 的 q 个输入，利用类似于服务输出参数匹配度的计算方法，只是匹配含义相反，即当 $p<q$ 时，两个服务不能匹配；（4）当 $p\geqslant q$ 时，计算输入参数的最大匹配度 max 值并记录其对应的输入参数。再按同样方法依次求得 A 个输入参数的最大匹配度值。服务输入、输出参数匹配算法如下：

输入：步骤 1 返回的 WS_1 以及匹配度集合 $d=d=(d_1, d_2, \cdots,)$，ζ_{in} 表示设定的输入输出匹配度，i 表示 WS_1 集合中服务的序号（$i=1, 2, \cdots, K_2$），j 表示 A 的输出序号（$j=1, 2, \cdots, m$），k 表示 S_i 的输出序号（$k=1, 2, \cdots, q$），初始值：$i=1$，$j=1$，$k=1$。

输出：匹配服务集合 WS_2，相应的匹配度集合 d' 和相应的相似度集合 SD_1。

初始状态：$WS_2=\Phi$，$SD_1=\Phi$，$d'=\Phi$。

（1）若 $WS_1\neq\Phi$，对于 WS_1 中的第 i 个服务 S_i：

若 $m\leqslant n$，则对于 A 的每个输出项 a_j，逐个计算它与 S_i 的每个输出的相似度，且记录最大相似度 sim_{a_i}，如果 $\mathrm{sim}_{a_i}<\zeta_{in}$，则转（2）；否则计算 A 和 S_i 输出的相似度 $\mathrm{sim}_{io}=\dfrac{1}{m}\sum\limits_{j=1}^{m}\mathrm{sim}_{a_i}$。

如果 $p\geqslant q$，对于 S_i 的每个输入项 s_k，逐个计算它与 A 的每个输入的相似度，且记录最大相似度 sim_{s_i}，如果 $\mathrm{sim}_{s_i}<\zeta_{io}$，则转（2）；否则，计算 A 和 S_i 输入的相似度 $\mathrm{sim}_{ii}=\dfrac{1}{q}\sum\limits_{k=1}^{q}\mathrm{sim}_{s_i}$；

有的学者将 A 和 S_i 的输入、输出相似度的平均值作为服务输入、输出综合的相似度 $\mathrm{Sim}_{iio}=1/2(\mathrm{sim}_{io}+\mathrm{sim}_{ii})$，即第 i 个发布服务与请求服务的输入、输出参数的相似度。将 S_i 添加至 SD_1、d_i 添加至 d'，即 $WS_2=\{S_i\}\cup WS_2$，$SD_1=\{\mathrm{Sim}_{iio}\}\cup SD_1$，$d'=\{d_i\}\cup d'$。

（2）$i=i+1$。若 $i\leqslant K_2$，则转（1），否则转（3）。

（3）算法结束，返回匹配服务集合 WS_2、匹配度集合 $d'=(d_1, d_2, \cdots, d_J)$ 和相似度集合 SD_1。

3.4.3 上下文信息优选算法

在上下文制造云服务优选模型的基础上，李成海等学者提出了上下文信息制造云服务优选算法。在云制造环境下，系统需从多种服务资源类型中，依据属性匹配算法挑选出满足用户需求的服务资源类型，产生候选服务资源类型匹配队列，进而匹配出候选服务资源集，为后续的结果反馈提供基础。

（1）算法流程。

步骤 1：输入服务资源请求 SRR、候选服务资源集 B、同义词字典 SD、服务

资源属性字典 *SAD*、服务资源属性匹配阈值 *T*、截取阈值 δ、匹配程度打分权重 $w1$ 和 $w2$。

步骤 2：在服务资源请求中，进行最大正向中文匹配分词，提取分词结果，并把它作为在检索服务资源（步骤 5）时的检索条件。

步骤 3：利用同义词字典为参考，把分词结果进行关键词规范化，产生检索关键词词集 *SKS*、调整关键词词集 *AKS*。

步骤 4：针对服务资源属性字典中的每类服务资源，进行匹配打分，依据得分将服务资源类型进行排序（从高到低），生成候选服务资源类型队列 *SQ*。

步骤 5：针对候选服务资源类型队列中各种服务资源类型，在候选服务资源集以该服务资源类型为检索域，以步骤 2 中得到的分词结果为检索条件进行检索，并将检索结果加入服务资源结果队列中。

步骤 6：搜索反馈，输出服务资源结果队列。

上述算法的核心步骤为关键词规范化（步骤 3）和服务资源属性匹配（步骤 4），关键词规范化目标是将用户检索的自然语言转化为系统内置字典中的通用语言，服务资源属性匹配可挑选出属性条件符合用户检索条件的服务资源类型。

（2）关键词规范化。

用户输入检索服务请求内容是各种各样、极不规范的，即使分词处理后得到的关键词也难与服务资源内容匹配，且云制造平台下注册服务资源具有种类多样性和属性差异性等特征，检索关键词如果未规范化处理就进行服务匹配，必将耗费大量时间和空间资源，所以需要将其规范化后再参与后续属性匹配和服务检索过程。关键词规范化是先将用户检索语句的分词结果进行规范化处理，再将自然描述语言的服务资源属性转成标准化描述的服务资源属性。

关键词规范化是基于分布式数据库系统的同义词字典为数据参考，将不同类型的词汇进行分布式记录，提升关键词规范化速度。同义词字典中每条词汇记录其可能隶属的服务资源属性（主同义词）。同义词字典具有如下特点：

1）同义词词典中的关键词与关键词分词词库保持一致。关键词分词词库为用于判定用户输入检索语句分词标准的关键词词集。制造云环境下的关键词分词提取理应具有制造领域特色，例如用户检索词中包含“有效时长”，在自然语言的中文分词模式中“有效时长”会划分为“有效”和“时长”两个关键词，而在制造云环境下，就会划分为“有效时长”一个关键词。

2）分布式字典。制造领域涉及的关键词成千上万，为减少检索工作量，根据关键词名称可将一部同义词“字典”划分成多个“章节”，关键词匹配时只要按名称就可确定“章节”范围，因此大大提高了检索效率。

3）关键词和主同义词是多对多关系。各关键词有多种属性可能性，例如“方形”，在描述按钮开关服务资源类型时，可划分至“形状”属性，而在描述管道服务资源类型时，可划分成“横截面”属性。另外服务资源的类型和属性都有不同的属性值，例如“颜色”属性，可由关键词“绿色”“蓝色”和“棕色”等对应。

4）特定词组需进行预处理。针对于特定词组（例如“500 元”），关键词划分的结果为数词+量词的形式，为更好地匹配到属性（如价格），同义词字典可将词组中的数词替换为“m_”+“元”的关键词，这样主同义词均为“价格”。

5）可更新维护。为了符合最新制造行业情况，同义词字典必须具有人工维护功能，让关键词与主同义词的对应关系保持定期管理更新，服务资源需求者首先输入检索语句，再将检索语句进行关键词规范化，将部分内容替代为主同义词，这部分主同义词中符合特点（4）中的特定词组或人工预设词，需要被调整到关键词词集，否则需将主同义词加到检索关键词词集中；另一部分仍为原关键词，并将这一部分关键词加入调整关键词词集中。

（3）服务资源属性匹配算法。

依据基于属性描述匹配的服务资源搜索方法，服务资源属性匹配是整个匹配流程中最关键一步。依据规范化的检索词，匹配“最有可能”的服务资源类型，产生候选服务资源类型队列 SQ、检索词与服务资源属性的对应关系 A 。服务资源属性匹配算法 attribute matching(KS，SAD) 如下：

输入：关键词规范化结果 $KS=\{SKS, AKS\}$，服务资源属性字典 SAD；

输出：候选服务资源类型队列 SQ，检索词与服务资源属性的对应关系 A 。

图 3-3 的算法实现了服务资源属性的综合匹配，并将不同检索词对匹配程度的影响程度考虑在内。前面提到，在对用户检索关键词进行规范化处理后，会生成检索关键词词集和调整关键词词集，其中检索关键词词集元素以准确定位属性的主同义词为主，对服务资源属性匹配的贡献最大。调整关键词词集元素包含模糊定位属性的主同义词（如特定词组）、未规范化关键词、人工预设词，对服务资源属性匹配的贡献相对较小。因此，服务资源属性匹配算法主要包括 match1( ) 和match2( )两个方法，具体匹配过程如下：

步骤 1：检索关键词匹配模块，依据检索关键词词集，在服务资源属性字典中调用 match1( )方法，取得匹配检索关键词集的服务资源属性 R1，将关键词匹配成功个数 size of（R1）达到匹配阈值 T 的服务资源类型 P，加入至第一服务资源类型集 S，同时计算其匹配得分 D 和匹配的服务属性集合 A。S 中服务资源类型的匹配得分 D=匹配的检索关键词数量 $\{m_1, m_2\}$。

步骤 2：调整关键词匹配模块。依据调整关键词词集，在第一服务资源类型集 S 中调用 match2( )方法，获得匹配调整关键词集的服务资源属性 R2，更新匹配的服务属性集合 A ，记录匹配程度 N，同时调用匹配程度打分模块。其中，N=匹配的调整关键词数量/min$\{M_1, M_3\}$，M_3 为调整关键词数量。

```
SQ=EmptyList
A=EmptyList
S=EmptyList//第一服务资源类型集
M2=SKS.size()//检索关键词数量
M3=AKS.size()//调整关键词数量
For each P in SAD
M1=size of(P.attribute)//服务资源属性数量
T=get The shold(M1,M2)//匹配阈值
  Result1=match1(P,SKS)//匹配SKS的服务资源属性
If sizeof(Result1)<T then
跳出循环，选取下一个P
Else
D=size of(Result1)/min{M1,M2}
  S.add(P)
 A.add(Result1)
  End if
End for
For each R in S
Result2=match2(R,AKS)//匹配AKS的服务资源属性
N=sizeof(Result2)/min{M1,M3}
A.add(Result2)
Score=w1×D+w2×N//两次匹配程度打分
End for
SQ=order(S,δ)//对S排序并截取达到截取阈值δ的服务资源类型
Return SQ,A
```

图 3-3　服务资源匹配算法代码

步骤 3：匹配程度打分模块。对于 S 中各服务资源类型 R，其匹配程度得分 $Score(R)=D\times w1+N\times w2$。其中，$w1$ 和 $w2$ 为打分权重。$w1+w2=1$。

步骤 4：最优类型选取模块。根据匹配程度得分 Score，对第一服务资源类型集进行降序排序 order(S，δ)，截取 Score 达到截取阈值 δ 的服务资源类型，产生候选服务资源类型队列 SQ。结束时返回结果 SQ 和 A 。

3.4.4　多策略 QoS 感知优选算法

在多策略 QoS 感知的优选模型基础上，武蕾等学者进一步提出了优选算法。在满足用户约束的可用候选服务集已经获得的条件前提下，重点分析服务的用户满意度与运营商满意度的计算方法，以及设置可用候选服务集进行排序选优的策略。

(1) 算法流程

针对可用候选服务 S_j，计算得分算法如下：

步骤 1：计算用户对 S_j 的满意度 Satis_{j1} 。

$$\mathrm{Satis}(S_j)=w_1\times Q_{j1}+w_2\times Q_{j2}+\cdots+w_i\times Q_{ji} \tag{3-48}$$

式中，$1\leqslant w_i\leqslant 1$ 表示用户指定的对 Q_{ji} 的偏好程度。

步骤 2：计算服务提供商对 S_j 的满意度 $Pro(S_j)$ 。

$$\mathrm{Pro}(S_j)=\mathrm{Earn}(S_j)-\mathrm{Cost}(S_j) \tag{3-49}$$

式中，$\mathrm{Earn}(S_j)$ 为用户使用服务 S_j 需要付给运营商的费用，$\mathrm{Cost}(S_j)$ 表示 S_j 的运营维护成本。

步骤 3：整合 Satis_j 和 $\mathrm{Pro}(S_j)$，计算 S_j 的最后服务得分。

$$\mathrm{Score}(S_j) = w_1 \times \frac{\mathrm{Satis}_j}{\mathrm{Max}(\mathrm{Satis}_i)} + w_2 \times \frac{\mathrm{pro}_i}{\mathrm{Max}(\mathrm{pro}_i)} \tag{3-50}$$

式中，$1 \leqslant i, j \leqslant m$，$0 \leqslant w_1, w_2 \leqslant 1$，$w_1 + w_2 = 1$，$w_1$，$w_2$ 为两者的影响因子，不同值表示基于不同策略的服务排序选优方法。上述算法中对效用函数和合并函数还需特别处理。

(2) 效用函数特殊处理

实际上，不同服务质量属性对服务性能的贡献存在很大差异，而且用户和运营商对不同 QoS 属性也存有各自喜爱和偏好。故在计算服务满意度时必须考虑这些因素。因此，对于服务 S_j 的属性集 $C = \{q_1, q_2, \cdots, q_i\}$，$C' = \{q_{i+1}, q_{i+2}, \cdots, q_n\}$，根据用户、运营商设置的权重和偏好程度，分别计算他们对服务 S_j 的满意度和 Satis_j、Pro_j。而运营商的满意度通过为用户提供服务可获得的利润大小来体现。因此，需要将服务的成本属性转化成一定的价格度量。比如在为某一用户提供服务 S_j 加工产品的过程中，运行维护 S_j 可能会产生人力资源的消耗、机器磨损等，就需要依据一定规则将这些消耗转化成相应的价格度量，加入 Satis_j、Profit_j 后式（3-15）QoS 的矩阵转化为如下：

$$\mathrm{Score}\begin{pmatrix} S_1 \\ \vdots \\ S_m \end{pmatrix} = \begin{pmatrix} \mathrm{Satis}_1 & \mathrm{pro}_1 \\ \vdots & \vdots \\ \mathrm{Satis}_m & \mathrm{pro}_m \end{pmatrix} \tag{3-51}$$

(3) 合并函数特殊处理

根据式（3-50）的定义，合并函数 $\mathrm{Score}(S_j)$ 依据一定的策略来整合计算服务 S_j 的最终得分。其中，$w1$ 和 $w2$ 的取值代表着不同策略的服务排序选优方法，可能的排序选优方法如下：

1）当 $w_1 : w_2 = 1 : 0$ 时，表示所采用的是完全基于用户策略的服务排序方法，此种情况用户可以获得最高的服务满意度，但平台运营商的利润可能会受到一定的影响，然而在服务反馈与监控中，有利于平台运营商信誉度的提升。

2）当 $w_1 : w_2 = 0 : 1$ 时，表示所采用的是完全基于运营商策略的服务排序方法，此种情况运营商可以获得最高的利润，但资源需求方获得的服务性能可能会受到一定的影响，且在服务反馈与监控中，不利于平台运营商信誉度的提升。

3）当 $w_1 : w_2$ 的比值介于两者之间时，表示所采用的是基于用户与运营商两者的服务排序选优策略，综合考虑了用户与运营商的满意度。因此在进行服务排序选优时，可通过调整 $w_1 : w_2$ 的权重比值，依据所设定的策略灵活按需要进行选优。

事实上，不同比重的设定与运营商的运营策略相关，若运营商目标是提供更好的服务，那就可以通过完全面向用户的策略来进行排序；若目标是尽可能盈利与节能，那就可以设置完全面向运营商的策略进行排序。

3.4.5 双向匹配优选算法

在双向匹配优选模型的基础上，赵金辉等学者提炼出一种双向匹配的优选算法。优选过程描述如下：

步骤 1：计算需求方 u_j 对制造云服务 s_i 的期望水平向量和实际感知属性值向量；计算服务 s_i 提供方对 u_j 的期望水平向量和实际感知属性值向量。

步骤 2：针对评价短语按五朵云的数字特征计算方法进行量化，生成全部由数值构成的原始数据矩阵 $[S]$ 和 $[U]$。

步骤 3：依据期望水平分别建立 s_i 的吸引域矩阵 $[a_{ik}, b_{ik}]$ 和 u_j 的吸引域矩阵 $[c_{jt}, d_{jt}]$。

步骤 4：依据属性取值范围建立 s_i 的范围域矩阵 $[c_{ik}, d_{ik}]$ 和 u_j 的范围域矩阵 $[c_{jt}, d_{jt}]$。

步骤 5：按实际情况确定最优值矩阵 M。

步骤 6：按式（3-22）和式（3-23）分别计算 u_j 对 s_i 的满意度矩阵 $\widetilde{\delta}_j$ 和 s_i 对 u_j 的满意度矩阵 $\widetilde{\beta}_i$。

步骤 7：根据综合满意度 $\widetilde{\delta}$ 和 $\widetilde{\beta}$ 构建多目标优化模型。

步骤 8：利用线性加权法把多目标优化模型转成为单目标优化模型。

步骤 9：求解单目标规划模型，输出选择结果。

3.4.6 层次分析优选算法

在层次分析优选模型的基础上，唐雨等学者对粒子群算法进行改进，提出了层次分析的制造云服务优选算法，算法具体流程：

步骤 1：粒子群初始化。把一个制造任务分解成的 n 个子任务构成一条云服务执行路径 P_i，与粒子群算法中的粒子概念相对应。为扩大搜索范围，在初始化时先随机组合云服务产生规模稍大一点的初始种群 CP，再给定种群规模 P，逐个遍历整个初始粒子群，挑选出相似性小的前 P 个粒子，作为初始粒子群 PS，最后输出初始粒子群 PS，初始全局最优位置 gBest^0，初始个体最优位置 pBest^0。

步骤 2：参数设置。依据公式（3-34）和式（3-35）为 $r1$，$r2$ 和 ϖ 设定初值并确定动态变化规律。

步骤 3：适应度计算。衡量粒子群中每个粒子的适应度，把最优粒子的位置作为 pBest^i 和 gBest^i 输出，计算适应度 $\text{fitness}(P_i) = 1/Z(P_i)$，式中的 $Z(P_i)$ 见公式（3-31），若 $\text{fitness}(P_i)$ 的值越大，则表示粒子的适应度就越高，P_i 质量也就越好。

步骤 4：粒子群更新。粒子群更新是 PSO 算法的主要内容，也是优化粒子群寻找理想解的关键。粒子群中的每个粒子的速度和位置按公式（3-32）和式（3-33）更新。输出更新后每个粒子的位置，并计算 pBest^{i+1} 和 gBest^{i+1} 的值。

步骤 5：交叉变异。为防止 PSO 算法的早熟收敛，保证粒子群向全局最优位置靠近且保持粒子分散，引入个体粒子的变异算子 Vec_i^{pBest} 和全局粒子的变异算子 Vec_i^{gBest} 对当前粒子进行交叉变异操作，按公式（3-36）的方式交叉（式中的 Vec_i^{pBest} 和 Vec_i^{gBest} 为计算机随机生成的 0，1 向量），交叉后得到新的粒子 NP_i，获取 NP_i 的适应度 $\text{fitness}(NP_i)$，再与之前的 pBest^{i+1} 和 gBest^{i+1} 值进行比较，最终将适应度值最大的粒子作为变异后的 pBest^{i+1} 和 gBest^{i+1} 输出。

步骤 6：结束判断，对比更新前后两次的适应度 $\text{fitness}(P_i)$ 和 $\text{fitness}(P_{i+1})$ 值，如果满足 $|\text{fitness}(P_{i+1})-\text{fitness}(P_i)|<\varepsilon$（$\varepsilon$ 为规定的最小量），则停止更新，输出当前粒子，即为最优解，反之跳转到步骤 4。

该算法经过多次进化更新后，粒子群会逐步接近最优解，最终获得 gBest，即为最优的云服务组合执行路径。

3.4.7 作业排序优选算法

在作业排序优选模型的基础上，程幼明等人进一步研究提出了作业排序的制造云服务优选算法。设有 n 个满足功能性需求的制造云服务，m 个非功能属性筛选指标，则可用矩阵形式表述为 $S=(s_{ji})_{n\times m}$，如式（3-52）所示。

$$S=(s_{ji})_{n\times m}=\begin{array}{c} \begin{array}{cccc} X_1 & X_2 & \cdots & X_m \end{array} \\ \begin{bmatrix} s_{11} & s_{12} & \cdots & s_{1m} \\ s_{21} & s_{22} & \cdots & s_{2m} \\ \cdots & \cdots & \cdots & \cdots \\ s_{j1} & s_{j2} & \cdots & s_{jm} \\ \vdots & \vdots & \vdots & \vdots \\ s_{n1} & s_{n2} & \cdots & s_{nm} \end{bmatrix} \end{array} \tag{3-52}$$

式中，X_i 表示第 i 个非功能属性筛选指标；s_{ji} 表示第 j 个制造云服务的第 i 个非功能属性指标原始值。若以穷举法为例，如设筛选过程中采用随机搜索顺序，云制造平台筛选的搜索过程则有 m 种不同情形，如设筛选的搜索顺序采用按 i 升序排列，即在第 $k=i$ 位搜索的指标为 X_i，那么搜索流程如下：

步骤 1：依据需求方任务属性确立所有非功能属性指标约束信息和相应筛选准则，接着对矩阵 S 实施转换，如果 S_{ij} 满足筛选准则，则 $a_{ji}=1$；否则 $a_{ji}=0$。再得到 0-1 矩阵 $A=(a_{ji})_{n\times m}$，如式（3-53）所示，在矩阵 A 中进行基本搜索，计算每个指标满足筛选条件（$a_{ji}=1$）的制造云服务个数 p_i，搜索次数记为 $N_1=n\times m$。

$$A=(a_{ji})_{n\times m}=\begin{matrix} X_1 & X_2 & \cdots & X_m \\ \end{matrix} \atop \begin{bmatrix} a_{11} & a_{12} & \cdots & a_{1m} \\ a_{21} & a_{22} & \cdots & a_{2m} \\ \cdots & \cdots & \cdots & \cdots \\ a_{j1} & a_{j2} & \cdots & a_{jm} \\ \vdots & \vdots & \vdots & \vdots \\ a_{n1} & a_{n2} & \cdots & a_{nm} \end{bmatrix} \tag{3-53}$$

步骤 2：对矩阵 A 进行行运算，其目标是找到满足式（3-54）的制造云服务，其原理是通过相邻两列的求交运算，再逐次对 $n\times m$ 阶矩阵 A 进行降阶，直到遍历完所有 m 项非功能属性指标。

$$\prod_{i=1}^{m} a_{ji}=1 \qquad j=1,\ 2,\ \cdots,\ n \tag{3-54}$$

其中，第 2 轮搜索是寻找出 X_1 和 X_2 中能同时满足条件的制造服务云，此时矩阵 $A_{n\times m}$ 转化为矩阵 $A^1_{[n\times(m-1)]}$，$a'_{i1}=a_{i1}\times a_{i2}$，搜索次数应为 $N_2=p_1$，计算符合条件的制造服务云个数并记为 Z_2；第 3 轮是在取得的 Z_2 个服务云中搜索满足 X_3 条件的制造服务云，搜索次数记为 $N_3=Z_2$，计算符合条件的服务云个数为 Z_3；同理，第 k 轮搜索是在第 $k-1$ 轮获得的筛选结果中继续搜索 $N_k=Z_{k-1}$ 次，以获取能同时满足 X_i 条件的制造云服务 Z_k；直至第 m 轮搜索 $N_m=Z_{m-1}$ 次后，最终获得满足所有指标的制造云服务。

综上所述，Z_k、N_k、F_k、F'_k 之间的关系可表示为式（3-55）、式（3-57）所示。

$$N_k=\begin{cases} n\cdot m, & k=1 \\ p_1, & k=2 \\ z_{k-1}, & k=3 \end{cases} \tag{3-55}$$

$$F_k=\sum_{i=2}^{k} N_i,\ k=2,\ 3,\ \cdots,\ m \tag{3-56}$$

$$F'_k = N_1 + F_k,\ k = 2,\ 3,\ \cdots,\ m \tag{3-57}$$

从筛选的搜索流程可以得出式（3-55）、式（3-56）中，F_k 为不考虑首轮搜索情况下前 k 轮搜索的总次数。因为第 $k-1$ 轮搜索的结果不确定，所以需对 N_k 进行预估。式（3-57）中，F'_k表示考虑首轮搜索的总次数。因此 Z_k、N_k、F_k、F'_k的确定关键取决于 Z_k 的值。而对于 Z_k：

（1）若 $k=2$，搜索过程则为 $Z_2=p_1\cap p_2$，$N_2=p_1$，$F_2=p_1$。因为，不满足 X_1 条件和不满足 X_2 条件的服务云可能存在完全重叠、完全不重叠和部分重叠这三种情形，因此在理论上不能直接计算出此轮搜索所能获得的同时满足 X_1 和 X_2 条件的制造服务云个数，但其值区间可估计为 $Z_2\in|Z_2^L,\ Z_2^u|$，说明其值处于 Z_2^L（完全不重叠）和 Z_2^u（完全重叠）之间，其计算公式为式（3-58）。

$$Z_2 \in [p_1 + p_2 - n,\ \min(p_1,\ p_2)] \tag{3-58}$$

推理过程：1）在完全不重叠情况下，式子 $Z_2^L=p_1-(n-p_2)=p_1+p_2-n$ 或者 $Z_2^L=p_2-(n-p_1)=p_1+p_2-n$ 成立，即所有不满足 X_1（或 X_2）条件的制造云服务完全满足 X_2（或 X_1）条件，在满足 X_1（或 X_2）条件的制造云服务中，删除不满足 X_2（或 X_1）条件的云服务；2）在完全重叠情况下，式子 $Z_2^U=\min(p_1,\ p_2)$ 成立，也就是所有不满足 X_1（或 X_2）条件的制造云服务完全不满足 X_2（或 X_1）条件，所以双重满足 X_1 和 X_2 条件的制造云服务个数等于满足 X_1 条件的云服务加上满足 X_2 条件的云服务当中个数较少的数目；3）在部分重叠情况下，式子 $Z_2\in[p_1+p_2-n,\ \min(p_1,\ p_2)]$ 成立，也就是双重满足 X_1 和 X_2 条件的制造云服务个数介于完全不重叠和完全重叠这两种情况之间，即 $Z_2\in(Z_2^L,\ Z_2^U)$。

（2）若 $k\geqslant 3$，即 $Z_k=Z_{k-1}\cap p_i$，则 $N_k=Z_{k-1}$，依据 Z_2 的确定，Z_k 的计算公式为式（3-59）。

$$Z_k \in [Z_{k+1}^L + p_i - n,\ \min(Z_{k-1}^U,\ p_i)] \tag{3-59}$$

推理过程：因为 $Z_{k-1}\in[Z_{k-1}^L,\ Z_{k-1}^U]$，则 $N_k\in[N_k^L,\ N_k^U]\in[Z_{k-1}^L,\ Z_{k-1}^U]$；$Z_k\in[Z_k^L,\ Z_k^U]$，$Z_k$ 的确定与 Z_2 相似，但最少搜索次数 N_k^L 和最多搜索次数 N_k^U 需考虑 Z_{k-1}与 X_i 中完全不重叠和完全重叠两种极端情况，故 $Z_k^L=Z_{k-1}^L+p_i-n$，$Z_k^U=\min(Z_{k-1}^U,\ p_i)$，则 $Z_k\in[Z_{k-1}^L+p_i-n,\ \min(Z_{k-1}^U,\ p_i)]$。

3.4.8 信息校正优选算法

作者在上述优选算法的基础上，结合粗糙集理论和信息校正制造云服务优选模型，提出了信息校正优选算法。考虑到制造资源在某段时间内具有独占性的特点，而且制造云服务优选是在海量功能相同或相近但服务质量参差不齐的制造云服务中筛选能满足用户性能的最佳服务，所以假设制造云服务选择是保证制造资源可用、制造能力等功能性需求都能满足用户的前提下，才在大量相近服务中根据服务 QoS 综合性能进行区分和排序，将 QoS 性能相对最优的服务推荐给用户。

实际上，不同用户对各 QoS 属性有着各自的偏好，用户考虑角度不同属性的重要程度肯定就不一样。因此，在服务选择之前可由用户对各属性先设定一个权重来体现自身的需求偏好和期望值。考虑到如果只从用户设定的权重角度去衡量候选服务的质量显然不够客观，也不够全面，必有一定的盲目性。再者，用户经验不同，设定的权重可信度就会不一样，有些用户会在众多参数选择面前往往会表现得无所适从，所以综合考虑，用户给出的权重仅可作为参考，还需结合从大量历史记录中挖掘出的权重，利用变精度粗糙集理论分析得到的属性权重显然可信度更高。

综合本章节的所有制造云服务优选算法的特点，作者归纳了带信息校正功能的制造云服务优选算法，流程如下：（1）采集 QoS 中的各指标值，利用效能函数进行统一量化处理；（2）利用变精度粗糙集理论从海量历史记录中挖掘出 QoS 指标之间的权重向量；（3）计算各服务属性值向量与权重向量的乘积与用户期望的理想服务向量之间的欧氏距离，获取 QoS 综合性能排序，得到最优的服务。具体算法流程：

假设 $\boldsymbol{T}=\{\boldsymbol{t}_1, \boldsymbol{t}_2, \cdots, \boldsymbol{t}_m\}$ 表示用户给出的各 QoS 属性的权重，$\boldsymbol{W}=\{\boldsymbol{w}_1, \boldsymbol{w}_2, \cdots, \boldsymbol{w}_m\}$ 表示经粗糙集计算得到的权重，$\boldsymbol{S}=\{\boldsymbol{s}_1, \boldsymbol{s}_2, \cdots, \boldsymbol{s}_n\}$ 表示制造云池中能提供同类服务的候选服务集，向量 $\boldsymbol{Q}_s=\{\boldsymbol{q}_1, \boldsymbol{q}_2, \cdots, \boldsymbol{q}_m\}$ 表示各候选服务的 QoS 属性值。

输入：①QoS 决策信息系统 $\boldsymbol{I}=(\boldsymbol{U}, \boldsymbol{A}=\boldsymbol{C}\cup\boldsymbol{D}, \boldsymbol{V}, \boldsymbol{F})$，$\boldsymbol{U}$ 代表论域，$\boldsymbol{C}$ 代表条件属性集，$\boldsymbol{D}$ 代表决策属性集；

②用户权重向量 $\boldsymbol{T}$；

输出：服务 QoS 综合性能排序序列

步骤 1：由式（3-3）~式（3-6）将决策信息系统 $\boldsymbol{I}$ 中 QoS 属性感知描述为矩阵 $\boldsymbol{Q}$。

步骤 2：利式（3-7）和式（3-8）将矩阵 $\boldsymbol{Q}$ 归一化为 $\boldsymbol{Q}'$。

步骤 3：在 $\boldsymbol{Q}'$ 矩阵中挑选出每列的最大值，生成理想服务的 QoS 向量 $\boldsymbol{Q}^{\max}=\{q_1^{\max}, q_2^{\max}, \cdots, q_m^{\max}\}$，获取 $\boldsymbol{Q}^{\max}$ 与用户给出的权重向量 $\boldsymbol{T}$ 的乘积。

步骤 4：利用式（3-42）计算各条件属性的信息量，式（3-43）计算各条件属性的被依赖度，式（3-44）计算生成各属性的权重向量 $\boldsymbol{W}$。

步骤 5：将 $\boldsymbol{Q}'$ 矩阵中的第 i 个行向量 $\boldsymbol{Q}_i$ 与权重向量 $\boldsymbol{W}$ 进行加权乘积，计算 $\boldsymbol{Q}_i$ 与向量 $\boldsymbol{Q}^{\max}$ 之间的距离，也就是服务 $\boldsymbol{S}_i$ 与理想服务的相似度 $\mathrm{Sim}(\boldsymbol{S}_i)=1-\sqrt{\sum_{j=1}^{m-1}(q_j^{\max}\times t_j-Q_{ij}\times w_j)^2}$。

步骤 6：按 Sim 值降序输出服务序列。

3.5 实验与结果分析

3.5.1 实验设计

为了验证作者提出的带信息校正的制造云服务优选模型及其实现算法的实用性和合理性，作者借助电信云计算平台，设计了云制造服务试验平台的原型，利用 jdkl. 6+MyEclipse 7.5 为 Integrated Drive Electronics 开发环境，选择 Tomcat 7.0 作为服务器，采用 MySQL 5.0、Sybase 15.0 为数据库和设计工具，利用分布式应用软件 mpiBLAST 仿真计算机节点对云制造服务平台服务的调用。因为制造云服务的描述和定义具有较强的多样性和自主性，因而当前缺少一个公共的且被大多数学者认可的服务基准库作为标准测试集，目前大多数学者都采用自动生成的测试数据进行仿真测试，本人搭建的云制造服务试验平台中包含了 100 个用于测试的制造云服务。

不妨按某阀门制造厂的阀门生产为例，通常阀体的最后一道工序需要专业的喷漆，现有一企业要求在 10 天内完成 1000 个阀门的喷漆业务，并将需求发布到了云制造服务平台，各服务质量属性值可从服务平台 QoS 数据库中提取。平台相关模块接收到服务请求并检索制造云池中硬件云服务资源库，假设池中有 5 条相近硬件云服务能满足企业功能需求，企业根据可靠性、可用性、价格、时间、诚信度等指标来进行综合决策，服务列表及 QoS 指标值见表 3-1。

表 3-1 满足用户功能的相近服务

服务	价格/元·件	时间/天	可靠性	可用性	诚信度
*S*1	0.5	4	21/21	0.5	4.2
*S*2	0.51	7	20/21	0.8	4.7
*S*3	0.54	3	1/5	0.6	1.5
*S*4	0.55	7	2/2	0.86	4.9
*S*5	0.53	4	3/3	0.9	4.4

其中，价格代表单件产品加工费用与单件产品每公里的运输成本之和，时间表示产品的加工和运输时间天数，服务 *S*2 中可靠性值 20/21 代表 QoS 数据库中服务 *S*2 被调用了 21 次，正常响应的次数为 20，如果对应实际业务，可理解为历史记录中服务 *S*2 有 21 份合同中标，但最终只完成了 20 份合同的合约，可用性在此描述各服务在数据库记录的有效时段内出现无故障时间的概率。诚信度表示服务完成所有中标项目得到的平均评价，值区间为 [0, 5]，诚信度数据是经过云制造服务平台中 QoS 监测器校正后的值，即经过式（3-11）修正后的值。时

间、价格指标采用式（3-7）归一化，其他指标采用式（3-8）处理，数据归一化后数据见表 3-2。

表 3-2 归一化后相近服务 QoS 指标

服务	价格/元·件	时间/天	可靠性	可用性	诚信度
*S*1	1.00	0.75	1.00	0.00	0.79
*S*2	0.80	0.00	0.95	0.75	0.94
*S*3	0.20	1.00	0.00	0.25	0.00
*S*4	0.00	0.00	1.00	0.90	1.00
*S*5	0.40	0.75	1.00	1.00	0.85

因为计算粗糙集的属性权重，需要从历史记录中分析各属性的权重比，本实验分析了制造云池中 8215 条制造资源的历史记录。为了描述整个推理过程，我们随机抽取了 8 条记录作为推理样本。由于价格和时间因子每次加工的产品可能不同，所以数据之间没有直接的可比性，因此采用记录中的投标报价和此次业务中标报价的比率作为衡量参数，时间因子我们则采用提前时间比来分析，如表 3-1中服务 S1 以提前 6 天参与竞标（厂家要求 10 天），则时间因子可用 0.6 表示。随机抽取的 8 条记录制造资源投标历史记录见表 3-3。

表 3-3 制造资源投标历史记录

记录	价格比	提前时间比	可靠性	可用性	诚信度	中标
*x*1	0.96	0.9	0.99	0.9	0.99	是
*x*2	0.92	0.7	0.84	0.7	0.87	是
*x*3	0.72	0.1	0.52	0.9	0.75	否
*x*4	0.85	0.5	0.76	0.88	0.82	是
*x*5	0.75	0.4	0.65	0.75	0.73	否
*x*6	0.78	0.5	0.2	0.77	0.88	否
*x*7	0.65	0.1	0.81	0.89	0.76	否
*x*8	0.88	0.2	0.68	0.88	0.95	是

考虑到粗糙集只能处理聚类后的数据，作者采用 *K* 中心聚类方法，将历史数据库中的数据聚类化处理，聚类群数量为 5，聚类化后的数据见表 3-4。

表 3-4 历史中标情况信息决策表

记录	价格比（α1）	提前时间比（α2）	可靠性（α3）	可用性（α4）	诚信度（α5）	中标（*D*）
*x*1	1	1	1	1	1	1
*x*2	1	2	2	1	2	1

续表 3-4

记录	价格比（$\alpha1$）	提前时间比（$\alpha2$）	可靠性（$\alpha3$）	可用性（$\alpha4$）	诚信度（$\alpha5$）	中标（D）
$x3$	2	4	5	2	3	0
$x4$	1	3	3	1	2	1
$x5$	2	3	4	2	3	0
$x6$	2	3	3	2	2	0
$x7$	2	4	2	1	3	0
$x8$	1	4	4	1	1	1

依据表3-4中的数据，中标决策类 $Y_1=U/d_1=\{x1, x2, x4, x8\}$，未中标决策类 $Y_2=U/d_2=\{x3, x5, x6, x7\}$，依据条件属性 α_5 划分的等价类 $U/\alpha_5=\{\{x1, x8\}, \{x2, x4, x6\}, \{x3, x5, x7\}\}$，经式(3-42)可以得到各条件属性的信息量 $\gamma(\alpha_5)=(4+9+9)/64=22/64$，同理可得 $\gamma(\alpha_1)=32/64$，$\gamma(\alpha_2)=18/64$，$\gamma(\alpha_3)=14/64$，$\gamma(\alpha_4)=34/64$。

取 $\beta=0.4$，由式（3-41）可知 Y_1 关于条件属性 α_5 的 β 下近似分布为 $Pos_{X5}^{\beta}=(Y_1)\{x1, x8\}$，$Y_2$ 关于条件属性 α_5 的 β 下近似分布为 $Pos_{X5}^{\beta}(Y_2)=\{x3, x5, x7\}$。经式（3-42）可得到 α_5 条件属性的被依赖程度：$\lambda(\alpha_5)=(2+3)/8=5/8$，同理可得 $\lambda(\alpha_1)=8/8$，$\lambda(\alpha_2)=3/8$，$\lambda(\alpha_3)=2/8$，$\lambda(\alpha_4)=7/8$。经式（3-41）计算可得 $w_1=0.30$，$w_2=0.14$，$w_3=0.09$，$w_4=0.28$，$w_5=0.19$。本人在大量实验采集数据分析基础上，再结合制造专家的建议将用户事先输入的属性偏好权重设为 $\boldsymbol{T}=\{0.4, 0.1, 0.1, 0.2, 0.2\}$，根据表3-2中的数据信息利用带信息校正优选算法计算，最后得到各服务的相似度 sim($s1$)= 0.77，sim($s2$)= 0.81，sim($s3$)= 0.58，sim($s4$)= 0.59，sim($s5$)= 0.72，服务之间性能排序为 $s2>s1>s5>s4>s3$，故服务 $s2$ 是最佳的服务。

从表3-1中的数据可知，如果不考虑QoS指标之间的权重，或各个指标之间设定的权重如果相同，则有 sim($s1$)= 0.72，sim($s2$)= 0.66，sim($s3$)= 0.44，sim($s4$)= 0.54，sim($s5$)= 0.77，服务之间的性能排序则为 $s5>s1>s2>s4>s3$，$s5$ 服务因加工天数少，合同完成率高，虽然价格高，诚信度一般，但 $s5$ 以整体性能比较均衡取得优势。若只考虑用户事先设定的权重 $\boldsymbol{T}$，则 sim($s1$)= 0.75，sim($s2$)= 0.73，sim($s3$)= 0.38，sim($s4$)= 0.44，sim($s5$)= 0.67，服务之间性能排序为 $s1>s2>s5>s4>s3$，服务 $s1$ 因价格方面的权重加大领先于 $s2$ 和 $s5$ 服务，而由粗糙集挖掘出的权重向量 $\boldsymbol{W}$ 和用户设定的权重向量 $\boldsymbol{T}$ 对比可知，$\boldsymbol{T}$ 中价格因子权重显然偏大。另外，可用性和诚信度权重也未做区分，若从考虑成本因素分析，可用性权重稍高于诚信度也符合生产实际。因此，从历史数据挖掘出的权重更客观。实验证明 $s2$ 服务因可用性、价格和诚信度权重的调整性能超越 $s1$ 服务也更趋合理。

3.5.2 选择成功率比较

在信息检索领域，一般采用准确率（Precision）来衡量检索算法的性能，作者使用成功率来分析选择算法的性能，成功率其实是准确率的一种变形，因为研究选择最佳服务推荐给用户，故选择成功率定义如下：

$$成功率 = \frac{推荐被用户接受的数量}{推荐项目总数} \times 100\%$$

实验对比了三种选择方法的成功率，并对结果进行了分析。三种方法：（1）均权选择法，条件属性权值要求平均分配，QoS 值不带更新和校正机制；（2）用户定权选择法，唯考虑用户事先设定的权重，QoS 值不带更新和校正机制；（3）混合定权选择法，作者所述方法，将用户设定的权重与粗糙集推理出的权重相结合，QoS 值带可信度检测和信息校正机制。实验模拟了 20 次不同的制造业务，每次业务安排 100 个用户进行服务选择，成功率对比实验结果见图 3-4。

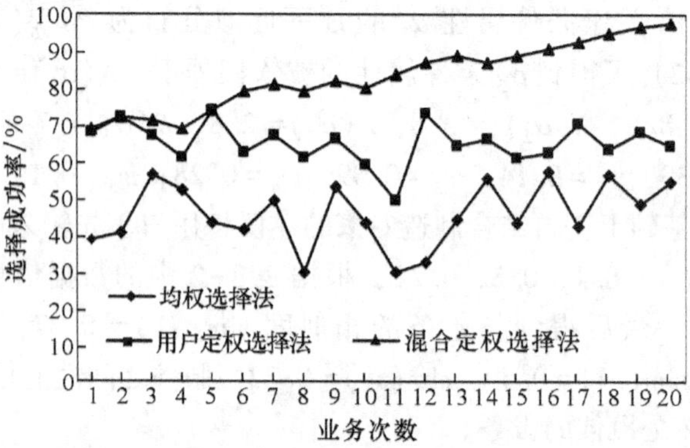

图 3-4 三种选择方法准确率对比

图 3-4 显示了用户定权选择法在多数情况下成功率比均权服务选择法高，证明用户的期望和评价因素的偏好必须考虑，均权选择法因为未考虑 QoS 性能指标之间的权重参异，故选择成功率偏小且不稳定。用户定权选择法因为用户经验不同，设定的权重必然带有一定的盲目性，故选择成功率波动性也较大。混合定权选择法因为刚开始没有历史记录，选择成功率与用户定权选择法趋势基本相同，但随着历史数据库记录的逐渐增加，成功率逐步上升，说明了权重越来越客观，选择成功率的稳定性也同样越来越好。由上可知，作者所述方法在选择成功率方面明显优于其他两种方法。

3.5.3 不诚实评价实验

事实上，平台中的有些用户有时会故意夸大或诋毁服务的质量，故意对服务提供商的诚信度作出好评或差评，因而会严重影响 QoS 中的诚信度指标和最终优选的结果。因此实验随机选取了 10 次业务，模拟了 200 个不诚实评价用户，选择成功率影响结果见图 3-5。

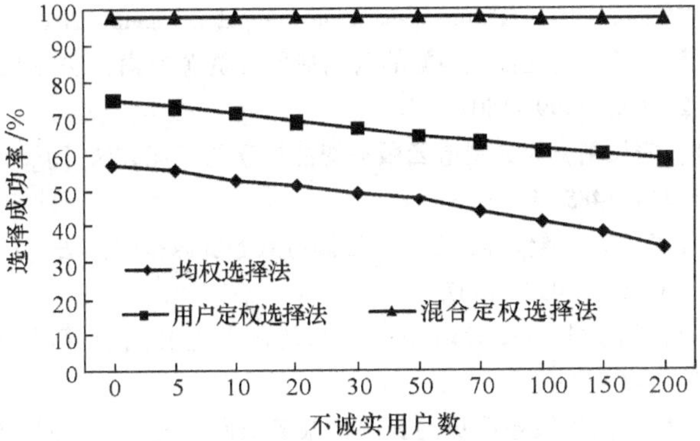

图 3-5 不诚实用户参与的选择成功率比较

图 3-5 显示了均权选择法和用户定权选择法随着不可信用户数的增加，选择成功率呈明显下降趋势，归根结底原因在于这两种选择方法都不带诚信度信息检测和校正机制，均权选择法诚信度权重所占比例较大，因此受到的影响也较大。混合定权选择法因为引入了 QoS 信息校正机制，在制造云服务平台中加入了监测器，监测器用于收集用户的诚信度评价数据，不诚实评价用户因为评价数据质量不高导致数据可信度降低，计算 QoS 诚信度时此类用户的评价可信程度 honesty 的值必会很小，评价信息基本会被过滤，由图可见，随着不诚实用户数的增加，混合定权选择法成功率基本未受影响。

参考文献

[1] Crasso M, Zunino A, Campo M. Easy Web Service Discovery: A Query-by-Example Approach [J]. Science of Computer Programming, 2008, 71(2): 144~164.

[2] Guo Suchang, Huang Hongzhong, Wang Zhonglai. Grid Service Reliability Modeling and Optimal Task Scheduling Considering Fault Recovery. IEEE Transactions on Reliability, 2011, 60(1): 263~274.

[3] COALITION O. OWL-S1.1 release [EB/OL]. [2013-02-02]. http://www.daml.org/services/owl-s/1.1.

[4] Wu C, Chang E. Searching Services on the Web: A Public Web Services Discovery Approach [C] //Proceedings of the 3rd International IEEE Conference on Signal-Image Technologies and

Internet-Based System. Washington, D. C., USA: IEEE, 2008: 321~328.

[5] 朱李楠，赵燕伟，王万良．基于RVCS的云制造资源封装、发布和发现模型［J］. 计算机集成制造系统，2012，18(8)：1829~1838.

[6] Ji X. Research on Web Service Discovery Based on Domain Ontology[C] //Proceedings of the 2nd IEEE International Conference on Computer Science and Information Technology (iccsit). Washington, D. C., USA: IEEE, 2009: 65~68.

[7] Goscinski A, Brock M. Toward Dynamic and Attributes Based Publication, Discovery and Selection for Cloud Computing[J]. Future Generation Computer System, 2010, 26(7): 947~970.

[8] 李成海，黄必清．基于属性描述匹配的云制造服务资源搜索方法［J］. 计算机集成制造系统，2014，20(6)：1499~1507.

[9] 李慧芳，董训，宋长刚，等．制造云服务智能搜索与匹配方法［J］. 计算机集成制造系统，2012，18(7)：1485~1493.

[10] 李成海，黄必清．基于属性描述匹配的云制造服务资源搜索方法［J］. 计算机集成制造系统，2014，20(6)：1499~1507.

[11] 武蕾，刘玉龙，刘士军．多策略QoS感知的服务选择与排序模型［J］. 通信学报，2012，33(Z1) 141~147.

[12] 赵金辉，王学慧．基于服务质量的云制造服务双向匹配模型［J］. 计算机集成制造系统，2016，22(1)：104~112.

[13] 唐雨，汪永超，王宇．基于QoS的制造云服务组合优选问题研究［J］. 组合机床与自动化加工技术，2016，1(1)：154~156.

[14] 程幼明，吴英，龚本刚，等．基于非功能属性的制造云服务筛选方法［J］. 统计与决策，2017，9(1)：43~47.

[15] 马文龙，朱李楠，王万良．云制造环境下基于QOS感知的云服务选择模型［J］，计算机集成制造系统，2014，20(5)：1246~1254.

[16] Zhou Zude, Xu Wenjun, Pham D . T, et al. QoS Modeling and A Analysis for Manufacturing Networks: A Service Framework[C] //Proceedings of the 7th IEEE International Conference on Industrial Informatics. New York, N. Y., USA: IEEE, 2009.

[17] Liu Yutu, Ngu A H H. QoS Computation and Policing in Dynamic Web Service Selection [C] //Proceeding of the 13th Inter-national Conference on World Wide Web. New York, N. Y., USA: ACM, 2004: 17~22.

[18] 甘佳，段桂江．云制造服务信任评估技术［J］. 计算机集成制造系统，2012，18(7)：1527~1535.

[19] Hen S. Yau Y Y. QoS-Based Service Ranking and Selection for Service-Based System [C] Proceedings of IEEE International Conference on Services Computing. Washington, D. C., USA: IEEE, 2011: 56~63.

[20] Strunk A. QoS-Aware Service Composition: A Survey[C] //Proceedings of the 8th IEEE European Conference on Web Services. Ayia Napa, Cyprus, 2010: 67~74.

[21] 胡业发，陶飞，周祖德．制造网格资源服务 Trust-QoS 评估及其应用［J］. 机械工程学报，2007，43(12)：203~211.

[22] Tao Fei, Zhao Dongming, Zhang Lin. Resource Service Optimal – Selection Based on Intuitionistic Fuzzy set and Non – Functionality QoS in Manufacturing Grid System [J]. Knowledge and Information System, 2009, Doi: 10.1007/s10115-009-0263-6.

[23] 李伯虎，张霖，任磊，等．再论云制造［J］. 计算机集成制造系统，2011，17(3)：449~457.

4 制造云服务组合算法

4.1 制造云服务组合研究现状

4.1.1 制造云服务组合问题

云制造克服了地理位置的障碍，将分布式的制造资源通过制造云管理平台形成制造云池，为不同用户提供制造云服务匹配、组合、调用等服务，实现“分散资源集中使用，集中资源分散使用”。在制造云服务平台中，用户需求可以分为单一资源服务需求和多资源服务需求，针对单一资源服务需求，服务平台从大量相近或相似的待选制造云服务池中选择服务质量最佳的制造云服务来执行，即制造云服务优选；针对多资源服务需求服务平台必须从搜索到的符合各子任务需求的待选制造云服务集中，各选一个制造云服务组装成组合制造云服务，再从所有可能组合中选择整体服务质量最佳的一组组合来协同完成任务即制造云服务组合及优化，因此制造云服务的组合是一个典型的多目标规划问题。

实际上制造企业业务环境复杂多变，对服务的功能需求会随时间和应用环境不同发生动态变化，从而导致制造云服务的需求是不确定和动态变化的，故用户需求往往是多资源服务需求，需要进行服务的组合。针对每个工作流活动，从众多的功能相同或相近的候选服务池中进行服务组合，会形成组合“爆炸”，是一个典型的 NP 难题。如何动态地从海量组合方案中挑选出满足用户需求的最佳服务组合，已成为制造云服务组合及优化的关键问题。

4.1.2 制造云服务组合四个阶段

陶飞在研究中指出从云服务组合全生命周期研究角度（即服务组合执行前、执行中、执行后）出发可将云服务组合管理和实现分为四个阶段，组合设计阶段（Design-phase，Des-phase），组合部署阶段（Deploy-phase，Dep-phase），组合执行与监控阶段（Execution & Monitor-phase E & M-phase）和组合评估阶段（Evaluation-phase，Eva-phase）。每个阶段所涉及的操作和管理内容都不同。

（1）组合设计阶段。Des-phase 主要指从用户提出任务需求到依据功能需求和过程需求而构造出抽象组合云服务的实现阶段。Des-phase 构造的抽象组合云服务只是依据任务之间的流程约束构造出来的组合关系或流程。Des-phase 涉及的操作有任务分解、功能需求解析、过程需求解析、抽象组合云服务构造等。Des-phase 的输入为用户需求，输出为抽象组合云服务。

（2）组合部署阶段。Dep-phase 主要依据 Des-phase 产生的功能需求和过程需求进行功能和过程匹配，将 Des-phase 产生的抽象组合云服务映射到具体的云服务，并通过挑选合适的云服务参与组合，生成可被执行的云服务组合路径或方案。Dep-phase 涉及的操作主要有相似度计算、过程匹配、接口/功能匹配、语义匹配、云服务排序、云服务评估、云服务选择等。Dep-phase 的输入为抽象组合云服务，输出为供选择的云服务组合执行路径或方案。

（3）组合执行与监控阶段。E&M-phase 对 Dep-phase 产生的大量候选云服务组合执行路径或方案进行组合云服务质量评估；利用智能优化算法进行优选，选择最佳的云服务组合执行路径，再将云服务绑定调用，同时监控云服务组合执行过程。E&M-phase 涉及的操作有组合云服务执行路径生成、组合云服务聚合 QoS 计算、组合云服务关联关系管理、云服务组合优选、云服务组合执行控制、云服务和流程绑定调用、监控、协调等。E&M-phase 的输入为供选择的云服务组合执行路径或方案，输出为任务或服务请求执行结果。

（4）组合评价阶段。Eva-phase 主要对云服务组合的执行效果进行评估统计处理，再有用户对云服务组合执行结果做出评价。若对执行结果不满意，则可能会重新进行制造云服务组合调用；若对执行结果满意，则将选定的云服务组合反馈至相应案例库中，为以后相似任务进行云服务组合调用时作为参考。

4.1.3 制造云服务组合算法综述

从算法的角度分析，制造云服务的组合一般有五种解决思路：基于业务流程驱动服务组合、基于图论的服务自动组合、基于人工智能和规划的服务自动组合、基于智能体的服务组合、基于服务质量 QoS 的服务组合。在云服务组合的基础上还需进一步的优选组合路径，即制造云服务的优化，目前主要有两种策略：局部策略和全局策略。局部策略适合于在局部 QoS 约束条件下实施分布式的服务优选。在时间性能上，局部策略优于其他策略，但在处理整体 QoS 需求方面存在着缺陷。因此，该策略对于求解云制造环境中服务组合问题作用不大。常用的服务组合路径优选算法有整数规划方法、蚁群算法、粒子群算法、遗传算法和模拟退火算法等。整数规划方法在求解规模较小的服务组合问题时效率较高，然而当问题的规模较大时，此类方法的算法复杂度呈指数增长，明显不能满足云服务组合实时性的要求；遗传算法在求解问题规模较大的问题时具有较高的求解效率，但此算法随机性较强，收敛速度慢，求解结果不稳定等缺点；蚁群算法在求解服务最优组合问题时，有较为出色的表现，但蚁群算法有易停滞、易陷入局部最优以及收敛速度慢等缺点；基于粒子群（PSO）算法的服务组合优化方法具有并行计算、全局寻优能力强等优点，但此算法进化后期有收敛速度慢、搜索精度不高、容易陷入局部最优等问题。

陶飞等人对服务组合方法进行了综合论述，指出了制造云服务组合的关键问题，提出了制造云服务组合建模与评估方法。STRUNK 等人采样语义匹配查找符合要求的服务，并通过遗传算法进行服务组合优化；敬石开等人提出了一种以服务模型库为基础，结合工作流理论，采用粒子群优化算法得到最佳制造云服务组合模型。郃丽君等人建立了一种制造服务资源目标调度模型，提出了一种动态调度技术，以应对服务组合时的突发事件。Karunamurthy 等人提出了一种描述服务的功能、行为、非功能和语义 4 个特征，并基于形式化方法实现了服务的匹配、检索和绑定的方法。

制造云服务组合优化是在制造云服务组合的基础上进一步的优选组合路径。刘卫宁等人提出了一种采用全局策略选择基础服务进行组合的方案，根据基础服务对组合后服务质量的提升程度影响大小为原则，优选基础服务，提高服务的整体组装效果。郑维强等人提出了一种制造资源混合粒度的优化组合方案，按照粒度大小进行匹配，并建立了一个多目标优化数学模型，引入优化算法获得 Pareto 最优解。谢先文等人根据智能优化算法的相关理论，构建了基于改进蚁群算法的云服务资源优化配置模型及评价函数，将服务间转移成本、广播费用和转移时间作为算法优化的因素并对其进行求解，从而得到整个制造活动中的最优服务组合。

4.2 组合问题建模

4.2.1 层次化模式

刘卫宁等人提出根据云制造环境下，因忽略制造过程层次化特性导致组合服务路径存在服务质量瓶颈和整体服务质量计算偏差的问题，通过分析制造任务的层次化特性，提出了层次化的云制造服务组合模型。

云制造的层次化服务组合实际上是一个递归的迭代过程，其制造任务可按任务层次和性质分为顶级任务、中间子任务和原子任务。顶级任务指用户提交的云制造请求，中间子任务指由一系列的原子任务或其他的中间子任务组合而成的非顶级任务，唯有原子任务可以被单个的云服务独立执行，其他任务则根据任务层次由多个云服务逐层组合执行。因此，各层次间的服务组合具有相同的迭代性质。基于层次化的服务组合问题可形式化描述为

(1) 任务分解。

1) 首先云制造平台接收来自用户的任务请求 MT（顶级任务）。

2) 将 MT 分解为子任务序列 $MT=\{AT_1, AT_2, \cdots, AT_J\}$。

3）将中间子任务 $AT_j(j=1, 2, \cdots, J)$ 继续分解为更下一层的子任 $AT_j=\{CT_{j1}, CT_{j2}, \cdots, CT_{jk_j}\}$。若只考虑3层的服务组合，则任务 $CT_{jk}(k=1, 2, \cdots, K_j)$ 为原子任务。

（2）服务推荐。

1）若对任意制造任务的序列 $MT=\{AT_1, AT_2, \cdots, AT_J\}$，有候选云服务组合集的序列 $SCS=\{SCS_1, SCS_2, \cdots, SCS_J\}$ 与之对应，SCS_j 为候选云服务组合集。

2）对于任意的中间子任务 AT_j，可从集合 $SCS_j=\{SC_{j1}, SC_{j2}, \cdots, SC_{jR_j}\}$ 中任选一个候选服务组合 $SC_{jr}(r=1, 2, \cdots, R_j)$ 执行。

3）对于任意的中间子任务 AT_j 所分解的一系列原子任务 $AT_j=\{CT_{j1}, CT_{j2}, \cdots, CT_{jk_j}\}$，其候选云服务组合 SC_{jr} 包含一系列的制造云服务候选集 $SC_{jr}=\{RSS_{jr1}, RSS_{jr2}, \cdots, RSS_{jrk_j}\}$ 与之对应。

4）由 AT_j 分解得到的所有原子任务 CT_{jk} 都可在云服务候选集 $RSS_{kjr}=\{RSS_{kjr1}, RSS_{kjr2}, \cdots, RSS_{kjrh_{kjr}}\}$ 中任选 CT_{jk} 对应的制造云服务 $RS_{kjrh}(h=1, 2, \cdots, H_{kjr})$ 来执行。

（3）服务优选。

1）针对层次化的服务优选过程，利用自底向上的服务组合方法。针对任务 MT，首先根据任务分解的原子任务 CT_{jk}，从服务候选集 RSS_{kjr} 中任选一个云服务 RS_{kjrh} 与之匹配。

2）对于各中间子任务 AT_j，找到一条与之对应的服务组合执行路径 P_j，形成一条复合的服务组合路径 $P=\{P_1, P_2, \cdots, P_J\}$ 完成任务 MT。路径 P 存在 $\prod_{j=1}^{J}\prod_{r=1}^{R_j}\prod_{k=1}^{K_j}H_{kjr}$ 种可能的组合。故如何构造最优的路径 P，是一个 NP 难的问题。

3）对于任意的云服务 RS_{kjrh} 可用QoS进行评估，其QoS可表示为 $Q(RS_{kjrh})=\{q_1(RS_{kjrh}), q_2(RS_{kjrh}), \cdots, q_M(RS_{kjrh})\}$，则任意的组合路径 P_j 均可用QoS进行评估，因此可将QoS作为组合云服务执行路径 P 优选的依据。

4.2.2 可靠性模式

敬石开等人提出了一种基于离散粒子群智能优化的、考虑执行可靠性的云制造服务组合算法，以概率密度函数描述服务可靠性，基于服务模型库动态生成云制造服务组合的工作流模型，基于语义实现服务匹配，通过离散变量粒子群优化算法计算出执行可靠性最优的云制造服务组合方案。

定义4.1 执行可靠性。将制造类服务的执行可靠性分解为质量可靠性与时间可靠性，利用概率密度函数描述云制造服务这两个方面的可靠性。在量化了服务的质量和时间可靠性之后，服务组合的质量评价成为服务组合的另一个重要指标。

定义 4.2 质量评价。针对每一个服务都有时间、费用、加工质量 3 个方面的质量描述。若对每个描述设定一个权重，对于整个服务组合方案则可采用加权平均的方法计算出服务质量系数。

定义 4.3 接口匹配。从工作流模型中抽取服务与服务之间的衔接关系，保证前继服务的输出与后继服务的输入必须相同。

定义 4.4 工作历匹配。从工作流模型中抽取服务与服务之间的先后关系，保证后继服务的开始时间必须晚于所有前继服务的结束时间。服务组合中对服务的需求时间在服务的工作历状态必须为空闲。

定义 4.5 服务实例初始执行可靠性。指由服务发布者发布在云制造服务平台上的、未有任何使用历史记录的新的云制造服务实例的执行可靠性。

服务发布者分别用概率密度函数 $f(x)_z$ 和 $f(x)_t$ 描述服务实例的质量执行可靠性和时间执行可靠性。为方便起见，我们不妨假设云制造服务实例的时间可靠性和质量可靠性是相对独立的。分别为服务质量和时间设定置信区间，如果在相应区间内，则被视为服务被可靠执行；若服务质量置信区间为（Z_a，Z_b），服务时间置信区间为（t_a，t_b）。综合考虑质量可靠性和时间可靠性也就是求质量与时间的联合概率密度函数，因此云制造服务实例的初始执行可靠性的计算公式为：

$$\begin{cases} \text{质量可靠性 } p_{cz} = \int_{Z_a}^{Z_b} f(X)_{zc} \\ \text{时间可靠性 } p_{tc} = \int_{t_a}^{t_b} f(X)_{tc} \\ \text{综合可靠性 } p_{fc} = p_{cz} \cdot p_{tc} = \int_{Z_a}^{Z_b} f(X)_{zc} \cdot \int_{t_a}^{t_b} f(X)_{tc} \end{cases} \tag{4-1}$$

定义 4.6 工作历史执行可靠性。调用服务完后，服务使用者会依据使用情况对服务进行评价，系统根据使用者的评价拟合服务质量可靠性 $f(x)_{zj}$ 和时间可靠性 $f(x)_{tj}$ 曲线。服务实例历史执行可靠性计算公式与初始执行可靠性相似，即：

$$\begin{cases} \text{质量可靠性 } p_{zj} = \int_{Z_a}^{Z_b} f(X)_{zj} \\ \text{时间可靠性 } p_{tc} = \int_{t_a}^{t_b} f(X)_{tj} \\ \text{综合可靠性 } p_{fj} = p_{zj} \cdot p_{tj} = \int_{Z_a}^{Z_b} f(X)_{zj} \cdot \int_{t_a}^{t_b} f(X)_{tj} \end{cases} \tag{4-2}$$

服务实例综合执行可靠性由初始执行可靠性和历史执行可靠性共同决定，如果设置初始执行可靠性权值为 100，服务实例评价次数 N_f，则服务实例综合执行可靠性则可表示为：

$$p_f = \frac{100p_{fc}}{100 + N_f} + \frac{N_f p_{fj}}{100 + N_f} \tag{4-3}$$

服务组合的可靠性是由组合中所有服务的可靠性共同作用确定的，在业务流程中如果任何一个环节的执行发生意外都会导致无法实现用户需求。可设定每个服务的执行都有 2 个状态 Success 和 Failure，其中 Success 的概率可用服务实例的综合可靠性 p_f 表示，则 Failure 的概率可表示为 $1-p_f$。假设一个组合服务包含 N 个服务，分别是 $\{f_1, f_2, \cdots, f_n\}$，则服务组合的可靠性 $p_{zh} = \prod_{i=1}^{n} p_{f_1}$。

4.2.3 粒度模式

郑维强等人为实现对云请求端制造需求的快速响应并提供最理想的制造云，在定义制造云服务（Manufacturing Cloud Service，MCS）的基础上，提出了制造云服务混合粒度动态优化组合方法。通过对制造服务需求的解析，将制造云服务按照粒度从大到小的顺序进行匹配，实现了云池资源的初次过滤；然后构建基于总服务成本、服务质量和交易期的制造云多目标优化数学模型，并引入 Epsilon-SPEA2 优化算法对该优化问题进行求解，从而快速高效地获得 Pareto 最优解；采用基于改进优劣解距离的动态多属性决策方法对 Pareto 最优解所代表的互为非支配的制造云服务组合方案进行评价排序，筛选出最优的制造云服务组合方案。

制造云服务资源初次过滤并生成所有满足需求的制造云服务组合方案集后，需要对其进行进一步优选。实际上，制造云服务资源的优化组合问题是一个不确定环境下多目标优化和多属性决策的综合规划问题。它依据云请求端对服务质量、服务成本和交易期等方面的要求，对制造云服务资源进行优选，则制造云服务组合问题可描述为

（1）假设 S 表示满足制造服务需求且需要从云平台调用的制造云服务资源的个数，Q_p 指可参与第 p 项制造服务内容的制造云服务资源数量。

（2）定义决策变量 $\varphi_{p,q}$，$\varphi_{p,q}=1$ 指第 q 项制造云服务 资源参与第 p 项服务内容，反之 $\varphi_{p,q}=0$。考虑到服务质量、服务成本、交易期是制造服务选择所采用的最重要的定量指标，因而综合考虑地域物流因素，定义 $C^s(p, q)$，$Q(p, q)$，$C^t(p,q)$，$T^s(p, q)$，$T^t(p, q)$ 分别为第 q 项制造云服务资源对第 p 项服务内容的制造服务成本、服务质量、物流成本、制造服务周期、物流周期。

（3）$P^r(p_1, p_2)$ 为第 p_1 项服务内容和第 p_2 项服务内容的流程约束关系；约束条件为 $1 \leqslant p \leqslant S$ 且 $1 \leqslant q \leqslant Q_p$。在制造云的构建中，因为各个制造云服务资源的贡献程度不尽相同，所以需对每个制造云服务资源设定权重。假设第 p 项服务内容的权重为 ω_p，则满足 $\sum_{p=1}^{s} \omega_p = 1$，此值可由层次分析法或根据历史经验获得。

以制造云服务总成本（包括制造服务成本、物流成本）函数最小化、服务质量函数最大化、交易期（包括制造服务周期、物流周期）函数最小化为目标，则可构建制造云服务资源优化组合模型为

$$\min F_c(\varphi_{p,\ q}) = \sum_{p=1}^{s}\sum_{q=1}^{Qp}\varphi_{p,\ q}[C^s(p,\ q) + C^t(p,\ q)] \tag{4-4}$$

$$\max F_Q(\varphi_{p,\ q}) = \xi_Q\sum_{p=1}^{s}\sum_{q=1}^{Qp}\varphi_p,\ \varphi_{p,\ q}Q(p,\ q) \tag{4-5}$$

$$\min F_T(\varphi_{p,\ q}) = \sum_{p=1}^{s}\sum_{q=1}^{Qp}\varphi_{p,\ q}[T^s(p,\ q) + T^t(p,\ q)] \tag{4-6}$$

相关约束条件为

$$F_c(\varphi_{p,\ q}) \leqslant C^*,\ F_Q(\varphi_{p,\ q}) \geqslant Q^*$$

$$\forall 1 \leqslant P \leqslant S,\ 1 \leqslant q \leqslant Q_p,\ Q(p,\ q) \geqslant Q_p^*$$

$$F_T(\varphi_{p,\ q}) \leqslant D^*$$

$$\forall 1 \leqslant p \leqslant S,\ \sum_{q=1}^{N_p}\varphi_{p,\ q} = 1$$

$$1 \leqslant p_1 \leqslant p_2 \leqslant S,\ P^r(p_1,\ p_2) \in \{1,\ 0,\ -1\}$$

其中，C^* 为服务的总预算；Q^* 为制造云服务质量最低可靠性阈值；Q_p^* 为第 p 项制造服务质量最低可靠性阈值；D^* 指服务最迟到达期；$P^r(p_1,\ p_2) = -1$ 时，指第 p_2 项服务内容在时间优先级上须高于第 p_1 项服务内容；$P^r(p_1,\ p_2) = 0$ 时，指第 p_1 项服务内容与第 p_2 项服务内容没有流程上的约束关系；当 $p^r(p_1,\ p_2) = 1$ 时，指第 p_1 项服务内容在时间优先级上须高于第 p_2 项服务内容。

4.2.4 教—学模式

部分学者为解决云制造环境下的制造云服务组合优化问题，并排除智能算法的初始值对算法求优结果的影响，提出了一种基于教—学算法的制造云服务组合优化算法，分析了基于服务质量的制造云服务组合流程，给出了制造云服务组合的服务质量评估模型和组合服务整体服务质量的评价方法，建立了制造云服务组合问题的数学模型，最后利用教—学算法求解最优组合。

教—学优化算法（Teaching-Learning-Based Optimization，TLBO）是 Rao 等人在 2011 年提出的一种模拟班级内课堂教学方式的群体智能算法，其原理比较简单，只有种群规模和迭代次数两个初始参数，排除了因初始参数设置不当造成的计算任务增加或者陷入局部最优的问题。

在教—学优化算法中，种群里的每个个体都被视为学生，表现最好的个体是教师，学生所学的科目中，采用每一个科目表示一个决策变量。若班级中学生的学科成绩服从正态分布，其分布密度函数为

$$f(x) = \frac{1}{\sigma\sqrt{2\pi}}e^{\frac{-(s-\mu)^2}{2\sigma^2}} \tag{4-7}$$

式中，σ 代表标准差；μ 表示数学期望。

在教学开始阶段，学生的成绩分布为正态分布，平均成绩为 $M1$，此时的教师个体为 T_1。经过一段时间教学，教师 T_1 通过教授学生知识，努力将班级的平均成绩由 M_1 提高至 M_2。这时教师个体被更新为 T_2。在学习阶段，学生个体向较好的个体学习，个体间进行交流知识，学习阶段结束后，再更新教师个体。如此反复迭代，直至找到最优解。

教师个体在搜索过程中，对其他个体起引导作用，带领种群进化搜索；学生个体在搜索过程中通过教师个体的传授和与其他较优的学生个体间的相互学习来提高个体的质量。算法最终得到的结果即为种群中的最优个体，也就是最后的教师个体。

应用教—学优化算法对制造云服务组合寻优需要解决的首要问题是学生个体的编码问题，即实现待求解问题与班级中学生个体之间的映射。文献［13］利用实数编码的方法，设 TLBO 中的每个学生为一个可行解，即一个候选的 CMCS；学生的学科数目为 D=I（问题的维度），即学科数目与制造云服务中子任务的个数对应。

定义 4.7 第 i 个学生可表示为 $s_i=(s_{i,1}, s_{i,2}, \cdots, s_{i,j}, \cdots, s_{i,I})$，$s_{i,j}$ 指该 CMCS 对应的第 j 个 CMCSS 中 MCS 的序号（索引），其取值为一个离散的值域，$\{S_{i,j}: 0<S_{i,j}\leqslant K_j\}$，$K_j$ 为第 j 个子任务 CMCSS 中 MCS 的总数。

4.2.5 协同模式

有关学者为了解决并行结构下制造云服务的组合优化问题，从协同效应的角度提出一种基于反向和局部学习的蚁群算法。此算法以 QoS 作为信息素构建协同效应评价模型，求解并行服务的协同效应值，并将此值作为启发函数参数。通过协同关系矩阵计算组合协同效应值，并将其与组合 QoS 相结合，求解综合评价值最高的服务组合。

协同效应 $C(S)$ 也可称为增效作用，通常用来表示多个企业一起合作的效益大于其单个企业效益的总和。在并行制造云服务组合中，往往会因为忽略组合内部的内在联系，导致产品因受某一零部件约束而无法按时完成或质量不达标等。如果将协同效应应用到制造云服务组合中，则可追求组合的整体协同效应最大化，所以设立如下评价指标：

（1）环境云协同（$p1$），指组合内服务之间所处的竞争环境的协同程度。在日益激烈的全球竞争大背景下，不同的企业由于竞争环境不同，其运营模式和发展战略自然不同，有的希望通过协同合作促进共同发展，有的希望通过不断竞争和排挤存活下来。故环境云协同尤为重要，它决定了企业能否亲密合作。

（2）组织云协同（$p2$），指组合内服务之间组织结构和制造流程的协同程度。服务组合中，各企业依据各自的工作流程和组织结构分布向需求方提供服务，流程同步性和组织一致性能够保证每个阶段加工制造的信息沟通和问题的及时调整。

(3) 技术云协同 ($p3$)，指组合内服务之间相关制造技术的协同程度。因为制造过程需要很多网络软件服务和专业技术的支持，企业如果使用的相关软件不一致或者版本有差异，或者专业技术不统一，必然会极大地阻碍企业的强强联合和优势互补，如产品的数据交互和技术性方面的互相指导等，导致最后的各部分产品难以协调一致。

(4) 历史交互云协同 ($p4$)，指组合内服务之间历史交互记录中的协同程度。大部分企业都有过合作的经历，每次合作完成后肯定会对合作方有相应的评价，尤其是在云制造环境下，云平台会记录历史交互的数据和信息，此信息对协同合作具有很大的参考价值。如果双方有过合作历史记录，可依据历史交互数据进行协同效应评价，如果无历史交互，则为0。

(5) 成本云协同 ($p5$)，指组合内服务之间各项成本费用的协同程度。服务组合后各服务之间通过协同合作互助互补，因而会降低整体运营成本和时间成本，但组合内各服务费用的分配和交易价格不能差异过大，成本不协同会使交易价格较低的服务方产生不满情绪或消极怠工的情况，从而影响产品的交货期和质量。

(6) 时间云协同 ($p6$)，指组合内服务之间响应时间和制造时间的协同程度。服务的响应时间与不同零部件加工制造工程中的节点时间是否一致，决定了各零部件之间的装配契合度，不同时间节点下相关信息数据的更新和问题的发现也会对后续相关工序产生影响。

(7) 质量云协同 ($p7$)，指组合内服务之间产品质量及合格率的协同程度。如果组合服务之间建立一个全面的质量管理体系，就能够弥补很多企业自身质量管理的不足，各服务之间的质量协同也能够保证制造各环节的质量可靠性和产品合格率。

云平台储存了大量多方面的用户数据，并且具备数据分析和及时更新的能力，因此云平台专家可以利用大数据和数据挖掘技术、结合云平台用户的历史交互数据进行协同效应分析，从而对上述的各协同效应评价指标值作出准确评估。

假设上表中各评价指标的权重向量为 $w=(\omega_1, \omega_2, \cdots, \omega_7)^T$，且满足 $\sum_{i=1}^{7}\omega_i=1$。ω_i 的值在［0, 1］之间。通过加权法则，则可计算出服务组合中各服务之间的协同效应值 $C_{S'_i, S'_j}=\sum_{i=1}^{7}\omega_i \times p_i$，其中 $C_{s'_i, s'_j}$ 为服务组合中子服务 S'_i 与子服务 S'_j 之间的协同效应值，p_i 为第 i 个协同效应评价指标。

为方便服务组合协同效应的计算和直观表达制造云服务组合内不同服务之间

的协同效应，陈友玲等人利用上述协同效应评价模型进行量化处理，并将协同关系根据不同程度定义为 0-1 之间的数值。

$$CRM = [C_{S'_i,\ S'_j}]_{n\times n} = \begin{array}{c} \\ S'_1 \\ S'_2 \\ \vdots \\ S'_n \end{array}\begin{array}{c} \begin{array}{cccc} S'_1 & S'_2 & \cdots & S'_n \end{array} \\ \begin{bmatrix} C_{S'_1,\ S'_1} & C_{S'_1,\ S'_2} & \cdots & C_{S'_1,\ S'_n} \\ C_{S'_2,\ S'_1} & C_{S'_2,\ S'_2} & \cdots & C_{S'_2,\ S'_n} \\ \vdots & \vdots & \vdots & \vdots \\ C_{S'_n,\ S'_1} & C_{S'_n,\ S'_2} & \cdots & C_{S'_n,\ S'_n} \end{bmatrix} \end{array} \tag{4-8}$$

在协同关系矩阵中，$C_{S'_i} = \dfrac{\sum_{j=1}^{n} C_{S'_i,\ S'_j}}{n-1} (i \neq j)$ 为子服务 S'_i 与组合内其他子服务的平均协同效应值；设相同服务之间以及自身的协同效应为“—”（即不予以考虑，如忽略同一节点内 $S_{1,1}$ 与 $S_{1,2}$ 之间的协同效应），并且协同效应具有对称性（如 $C_{S'_1,S'_2} = C_{S'_2,S'_1}$），利用协同关系矩阵可以方便地计算出组合协同效应值 $C(S')$：

$$C(S') = \frac{\sum_{i=1}^{n} C_{S'_i}}{n} \tag{4-9}$$

考虑并行情况下制造云服务组合各指标计算方法如下：

（1）并行服务价格 $\left(\sum_{i=1}^{n} C_i\right)$，其中，$C_i$ 代表第 i 个服务价格，n 代表并行服务数量；并行服务时间（$\max(t_i)$），其中 t_i 代表第 i 个服务时间。

（2）并行服务可靠性 $\left(\prod_{i=1}^{n} r_i\right)$，其中 r_i 代表第 i 个服务可靠性。

（3）并行服务可用性 $\left(\prod_{i=1}^{n} a_i\right)$，其中 a_i 代表第 i 个服务可用性。

（4）并行服务诚信度 $\left(\sum_{i=1}^{n} h_i/n\right)$，其中 h_i 表示第 i 个服务诚信度。

制造云服务组合可以定义为一个五元组：$G = \{S',\ CRM,\ Q_{Qos},\ Q(S'),\ C(S')\}$，其中：$S' = \{S'_1,\ S'_2,\ \cdots,\ S'_n\}$ 表示制造云的服务组合，CRM 代表组合内各服务之间的协同关系矩阵，Q_{Qos} 代表各子服务的服务质量，$Q(S')$ 代表并行情况下组合的服务质量值，$C(S')$ 代表制造云服务组合的协同效应值。综合考虑组合协同效应值 $C(S')$ 和组合服务质量值 $Q(S')$，将二者结合，通过加权计算得到制造云服务组合的综合评价值：

$$V(S') = \omega_1 \times Q(S') + \omega_2 \times C(S') \tag{4-10}$$

式中，$\omega_1 + \omega_2 = 1$。文献［8］中采用 $\omega_1 = \omega_2 = 0.5$。

4.2.6 子任务模式

4.2.6.1 制造云服务组合的三个阶段

制造云服务的组合是依据一定的业务逻辑和给定的约束条件对现有服务的集成，云制造环境下的服务组合和网络制造模式下的服务组合过程相似，每个制造任务从执行请求到服务组合，需经历任务分解、子任务制造云服务优选和制造云服务组合三个阶段。

(1) 任务分解。将制造任务分解为若干不可再分，而且能被单一制造云服务完成执行的子任务。假设 $\boldsymbol{T}$ 表示一个制造任务，则 $\boldsymbol{T}=\{T_1, T_2, \cdots, T_i, \cdots, T_n\}$，$n$ 为分解后的子任务数量。

(2) 子任务制造云服务优选。依据各候选云服务的 QoS 总和排序，将功能不满足要求的服务及 QoS 综合值过低的服务过滤，以缩小服务选择空间，便于提高后续服务组合算法运行的效率。生成子任务 T_i 的候选制造云服务集 $\boldsymbol{CS}_i=\{cs_{i1}, cs_{i2}, \cdots, cs_{ij}, \cdots, cs_{im}\}$，$m$ 为优选出的候选制造云服务数量。

(3) 制造云服务组合。从每个子任务候选制造云服务集 $\boldsymbol{CS}_i$ 中任意挑选一个候选制造云服务 cs_{ij}，生成所有可能的组合，可见有 $\prod_{i=1}^{n} m_i$ 种组合情况，n 表示子任务的数量，根据给定的约束条件综合考虑制造云服务质量和转移成本，选择一组最佳服务组合形成执行路径。

4.2.6.2 子任务制造云服务 QoS 评估模型

制造云服务经任务分解后的子任务有多种不同类型，本书在讨论时将子任务制造云服务分为硬件制造云服务和软件制造云服务。硬件制造云服务专指需要生产和制造设备的云服务，其他为软件制造云服务。针对制造云 QoS 参数的设置、数据的采集和量化方法，在第 3 章中提出的 QoS 感知模型适用于制造云服务优选阶段，要将其应用于服务组合，还需依据制造云服务组合的流程进行调整，因此一个子任务候选制造云服务的 QoS 评估模型可以表示为

定义 4.8 单个候选制造云服务 $\boldsymbol{CS}$ 的 QoS 信息可以描述为一个五元组 **QoS** $=\{C, T, Rel, A, H\}$。

(1) 服务价格 C，如果 $\boldsymbol{CS}$ 为硬件制造云服务，价格为单件产品的外协报价；如果 $\boldsymbol{CS}$ 为软件制造云服务，则 C 表示应用服务 $\boldsymbol{CS}$ 的价格。

(2) 服务时间 T，指服务 $\boldsymbol{CS}$ 从调用开始到获得反馈的时间长度，如果 $\boldsymbol{CS}$ 为硬件制造云服务，服务时间为生产、制造、加工该产品的时间；如果 $\boldsymbol{CS}$ 为软件制造云服务，假设 T_{com} 描述软件制造云服务实际的运行时间，T_{delay} 描述服务实际延迟的时间，则 $T=T_{com}+T_{delay}$。

(3) 服务的可靠性 Rel，代表制造云服务 $\boldsymbol{CS}$ 在运行期间能保证服务正常被

调用的概率。A 表示制造云服务的可用性，表示制造云服务 **CS** 在运行期间无故障时间的占比。H 指制造云服务的诚信度，为服务使用者对制造云服务提供方的综合评价。假设制造云服务 **CS** 在（T_1，T_2）时间区间内被访问了 N 次，获得正常调用的次数为 N_a，服务时间段内设备保证无故障的时间为 T_a，第 i 次调用服务使用者事后给出的用户评价为 h_i，则

$$\text{Rel} = N_a/N \tag{4-11}$$

$$A = T_a/(T_2 - T_1) \tag{4-12}$$

$$H = \frac{1}{N}\sum_{i=1}^{N_a} h_i \tag{4-13}$$

根据上述描述可知，子任务 $\boldsymbol{T_i}$ 对应的候选制造云服务集 $\boldsymbol{CS}_i$ 中所有服务的 QoS 信息可表示为一个矩阵 $\boldsymbol{Q}$。为了计算单个候选制造云服务的效能，需对各 QoS 指标进行量化。由于各 QoS 属性值计量单位不同，不能直接进行计算，因此需进行归一化处理。每个候选制造云服务的 QoS 属性可分为积极属性和消极属性两种。积极属性如可用性、服务诚信度和可靠性，值越大对服务效能越有益。可采用文献［16］给出的公式进行统一量化：

$$q'_{ij} = (q_{ij} - q_j^{\min})/(q_j^{\max} - q_j^{\min}) \tag{4-14}$$

而对于消极属性指标如价格和时间，值越小对服务效能越有益。可采用如下公式进行量化：

$$q'_{ij} = (q_j^{\max} - q_{ij})/(q_j^{\max} - q_j^{\min}) \tag{4-15}$$

则单个候选制造云服务的效能可表示为

$$Q_i = \sum_{j=1}^{5} q'_{ij} \times w_j \tag{4-16}$$

式中，w_j 代表第 j 个 QoS 指标所对应的权重且满足 $\sum_{j=1}^{5} w_j = 1$。候选服务集可根据 Q_i 的值进行排序，生成子任务 T_i 的候选制造云服务排序序列。

4.2.6.3 组合制造云服务 QoS 计算模型

定义 4.9 组合的制造云服务可用一个四元组 $\boldsymbol{G}=\{\boldsymbol{S}, \boldsymbol{R}, \boldsymbol{Q}, \boldsymbol{D}\}$ 表示，其中 $\boldsymbol{S}=\{\boldsymbol{s}_1, \boldsymbol{s}_2, \cdots, \boldsymbol{s}_i, \cdots, \boldsymbol{s}_n\}$ 表示构成组合服务的子任务制造云服务集合，$\boldsymbol{s}_i$ 是一个抽象的服务，在组合服务执行前，从 $\boldsymbol{s}_i$ 候选服务集 $\boldsymbol{CS}_i$ 中优选出一个具体服务 $\boldsymbol{cs}_{ij}$代替 $\boldsymbol{s}_i$。关系 $\boldsymbol{R} \subset S \times S$ 代表制造任务之间关系的集合，$\boldsymbol{Q}$ 表示单个服务 $\boldsymbol{s}_i$ 的 QoS 效能集，$\boldsymbol{D}=\{\boldsymbol{f}(\boldsymbol{c}), \boldsymbol{f}(\boldsymbol{t})\}$，为服务间转移成本集合，$\boldsymbol{f}(\boldsymbol{c})$ 代表服务间转移费用成本，$\boldsymbol{f}(\boldsymbol{t})$ 代表服务间转移时间成本。WS-BPEL 为典型的 Web 服务工作流描述语言，同样适用于制造云服务的组合，其中定义的主要流程控制活动主要有顺序、并行、选择和循环结构。通过此四种基本结构可以组合多个服务，形成云组合服务的执行路径。组合后服务 QoS 的评估不同的流程计算方法不同，本书给出的组合制造云服务 QoS 计算模型见表 4-1。

表 4-1 组合制造云服务 QoS 计算模型

QoS 参数	顺序	并行	选择	循环
C	$C_{seq}=\sum_{i=1}^{n}c_i$	$C_{flow}=\sum_{i=1}^{n}c_i$	$C_{switch}=\sum_{i=1}^{k}c_i\times p_i$	$C_{while}=r\times\sum_{i=1}^{n}c_i$
T	$T_{seq}=\sum_{i=1}^{n}t_i$	$T_{flow}=Max(t_i)$ $i\in[1,k]$	$T_{switch}=\sum_{i=1}^{k}t_i\times p_i$	$T_{while}=r\times\sum_{i=1}^{n}t_i$
Rel	$Rel_{seq}=\prod_{i=1}^{n}r_i$	$Rel_{flow}=\prod_{i=1}^{n}r$	$Rel_{switch}=\sum_{i=1}^{k}Rel_i\times r$	$Rel_{while}=\left(\prod_{i=1}^{n}re_i\right)$
A	$A_{seq}=\prod_{i=1}^{n}a_i$	$A_{flow}=\prod_{i=1}^{n}a_i$	$A_{switch}=\sum_{i=1}^{k}a_i\times p_i$	$A_{while}=\left(\prod_{i=1}^{n}a_i\right)^r$
H	$H_{seq}=\left(\sum_{i=1}^{n}h_i\right)$	$H_{flow}=\left(\sum_{i=1}^{n}h_i\right)$	$H_{switch}=\left(\sum_{i=1}^{n}h_i\times p_i\right)$	$H_{while}=\left(\sum_{i=1}^{n}h_i\right)$

其中，n 为组合服务中子任务制造云服务的个数，k 为选择或并行控制中的分支数，p_i 表示选择结构中第 i 个分支被选中执行的概率，且 $\sum_{i=1}^{k}p_i=1$。r 表示循环控制结构循环的次数。

4.3 组合问题常用算法

4.3.1 层次模式组合算法

学者们在层次模式组合问题建模的基础上，提出了层次模式的组合算法，依据组合优选过程提出了如下原则：

（1）云服务组合路径中的各制造云服务必须满足云平台最低的服务质量约束。

（2）必须使层次化服务组合路径中各中间层服务组合子路径的服务质量满足用户对相应子任务的服务质量要求。

（3）要尽可能使层次化云服务组合形成的最终复合云服务组合执行路径的整体服务质量最优。

4.3.1.1 QoS 评估模型

若定义各制造云服务 $\boldsymbol{RS}$ 的 QoS 为 $\boldsymbol{Q}(\boldsymbol{RS})=\langle\boldsymbol{T}(\boldsymbol{RS}),\boldsymbol{C}(\boldsymbol{RS}),\boldsymbol{Rel}(\boldsymbol{RS}),\boldsymbol{Rep}(\boldsymbol{RS})\rangle$，则相应的对于每个装配任务的执行路径 $\boldsymbol{P}_j$，可定义其 $\boldsymbol{QoS}$ 为 $\boldsymbol{Q}(\boldsymbol{P}_j)=\langle\boldsymbol{T}(\boldsymbol{P}_j),\boldsymbol{C}(\boldsymbol{P}_j),\boldsymbol{Rel}(\boldsymbol{P}_j),\boldsymbol{Rep}(\boldsymbol{P}_j)\rangle$；对于整个云制造任务执行的服务组合路径 P，可定义其 QoS 为 $\boldsymbol{Q}(\boldsymbol{P})=\langle\boldsymbol{T}(\boldsymbol{P}),\boldsymbol{C}(\boldsymbol{P}),\boldsymbol{Rel}(\boldsymbol{P}),\boldsymbol{Rep}(\boldsymbol{P})\rangle$。

为了计算服务组合路径 $\boldsymbol{P}$ 的服务质量 $Q(\boldsymbol{P})$，不妨假设路径 $\boldsymbol{P}$ 中的顺序结构、并行结构的比例分别为 $f_1(\boldsymbol{P})$ 和 $f_2(\boldsymbol{P})$，$f_1(\boldsymbol{P})+f_2(\boldsymbol{P})=1$。为避免路径 $\boldsymbol{P}$ 的整体结构失衡造成服务质量计算偏差，将其结构特性分散到各子路径 $\boldsymbol{P}_j$ 中，分别用 $\boldsymbol{f}_1(\boldsymbol{P}_j)$、$\boldsymbol{f}_2(\boldsymbol{P}_j)$ 描述服务组合路径 $\boldsymbol{P}_j$ 中的顺序结构与并行结构的比例，而且对于任意的 $\boldsymbol{P}_j$，都有 $f_1(P_j)+f_2(P_j)=1$。故服务组合路径 $\boldsymbol{P}$ 及其各子路径 P_j 的 QoS 计算方法如下。

顺序结构下 $\boldsymbol{P}_j$ 的服务质量 $\boldsymbol{Q}_{seq}(\boldsymbol{p}_j)$：

$$\left.\begin{aligned} T_{seq}(\boldsymbol{P}_j) &= \sum_{k=1}^{K_j} T(RS_k) \\ C_{seq}(\boldsymbol{P}_j) &= \sum_{k=1}^{K_j} C(RS_k) \\ Rel_{seq}(\boldsymbol{P}_j) &= \prod_{k=1}^{K_j} Rel(RS_k) \\ Rep_{seq}(\boldsymbol{P}_j) &= \sum_{k=1}^{K_j} Rep(RS_k)/K_j \end{aligned}\right\} \tag{4-17}$$

并行结构下 P_j 的服务质量 $Q_{prl}(\boldsymbol{P}_j)$：

$$\left.\begin{aligned} T_{prl}(\boldsymbol{P}_j) &= \max(T(RS_k)),\ k=1,2,\cdots,K_j \\ C_{prl}(\boldsymbol{P}_j) &= \sum_{k=1}^{K_j} C(RS_k) \\ Rel_{prl}(\boldsymbol{P}_j) &= \prod_{k=1}^{K_j} Rel(RS_k) \\ Rep_{prl}(\boldsymbol{P}_j) &= \sum_{k=1}^{K_j} Rep(RS_k)/K_j \end{aligned}\right\} \tag{4-18}$$

服务组合子路径 $\boldsymbol{P}_j$ 的服务质量 $Q(\boldsymbol{P}_j)$ 为

$$Q(\boldsymbol{P}_j)=f_1(\boldsymbol{P}_j)Q_{seq}(\boldsymbol{P}_j)+f_2(\boldsymbol{P}_j)Q_{prl}(\boldsymbol{P}_j) \tag{4-19}$$

顺序结构下 $\boldsymbol{P}$ 的服务质量 $\boldsymbol{Q}_{seq}(\boldsymbol{P})$：

$$\left.\begin{aligned} T_{seq}(\boldsymbol{P}) &= \sum_{j=1}^{J} T(\boldsymbol{P}_j) \\ C_{seq}(\boldsymbol{P}) &= \sum_{j=1}^{J} C(\boldsymbol{P}_j) \\ Rel_{seq}(\boldsymbol{P}) &= \prod_{j=1}^{J} Rel(\boldsymbol{P}_j) \\ Rep_{seq}(\boldsymbol{P}) &= \sum_{j=1}^{J} Rep(\boldsymbol{P}_j)/J \end{aligned}\right\} \tag{4-20}$$

并行结构下 $\boldsymbol{P}$ 的服务质量 $Q_{prl}(\boldsymbol{P})$：

$$\left.\begin{aligned}T_{seq}(\boldsymbol{P}) &= max(T(\boldsymbol{P}_j)),\ j=1,\ 2,\ \cdots,\ J\\ C_{seq}(\boldsymbol{P}) &= \sum_{j=1}^{J} C(P_j)\\ Rel_{seq}(\boldsymbol{P}) &= \prod_{j=1}^{J} Rel(\boldsymbol{P}_j)\\ Rep_{seq}(\boldsymbol{P}) &= \sum_{j=1}^{J} Rep(\boldsymbol{P}_j)/J\end{aligned}\right\} \tag{4-21}$$

则服务组合路径 $\boldsymbol{P}$ 的服务质量 $Q(\boldsymbol{P})$ 为

$$Q(\boldsymbol{P}) = f_1(\boldsymbol{P})Q_{seq}(\boldsymbol{P}) + f_2(\boldsymbol{P})Q_{prl}(\boldsymbol{P}) \tag{4-22}$$

鉴于制造过程中各环节具有不同的重要性，用户不仅需要追求全局最优的服务质量，还需要使各子任务的服务组合路径 $\boldsymbol{P}_j$ 的服务质量得到保障。可定义用户对各子任务 $\boldsymbol{P}_j$ 的最低可靠性和最低信誉度约束：

$$Rel_u(P) = \{Rel_u(P_1),\ Rel_u(P_2),\ \cdots,\ Rel_u(P_j)\} \tag{4-23}$$

$$Rep_u(P) = \{Rep_u(P_1),\ Rep_u(P_2),\ \cdots,\ Rep_u(P_j)\} \tag{4-24}$$

式（4-23），式（4-24）中 $Rel_u(P)$、$Rep_u(P)$ 分别表示用户针对 $\boldsymbol{P}_j$ 对应子任务的重要性给出的最低的可靠性和信誉度保障。因此，可将基于层次化的服务组合优化问题描述如下：

$$\min \quad \alpha T(p) + \beta C(p) \tag{4-25}$$

s. t.

$$\left.\begin{aligned}Rel(RS) &\geqslant Rel_{sys}\\ Rep(RS) &\geqslant Rep_{sys}\end{aligned}\right\} \forall RS \in P \tag{4-26}$$

$$\left.\begin{aligned}Rel(P_j) &\geqslant Rel_u(P_j)\\ Rep(P_j) &\geqslant Rep_u(P_j)\end{aligned}\right\} \forall P_j \in P \tag{4-27}$$

$$\left.\begin{aligned}Rel(P) &\geqslant Rel_0\\ Rep(P) &\geqslant Rep_0\end{aligned}\right\} \forall P_j \in P \tag{4-28}$$

基于层次化的服务组合优化问题实质上是一个多目标多约束规划问题，可采用权重系数 α 和 β，将其转化成为了单目标规划问题。其中，α 和 β 分别为 QoS 中时间与价格的权重系数，满足 $\alpha+\beta=1$；Rel_{sys}、Rep_{sys} 分别为系统预设的云服务最低的可靠性和信誉度需求，Rel_0、Rep_0 分别为用户给定的全局服务组合路径最低的可靠性和信誉度的需求。

4.3.1.2 模拟退火算法原理

模拟退火算法（Simulated Annealing，SA）最早的思想是由 N. Metropolis 等人于 1953 年提出。1983 年，S. Kirkpatrick 等人成功地将退火思想引入到组合优化领域。它是基于 Monte-Carlo 迭代求解策略的一种随机寻优算法，其出发点是基于物理中固体物质的退火过程与一般组合优化问题之间的相似性。模拟退火算法从某一较高初温出发，伴随温度参数的不断下降，结合概率突跳特性在解空间中随机寻找目标函数的全局最优解，即在局部最优解能概率性地跳出并最终趋于全局最优。模拟退火算法是一种通用的优化算法，理论上算法具有概率的全局优化性能，目前已在工程中得到了广泛应用，诸如 VLSI、生产调度、控制工程、机器学习、神经网络、信号处理等领域。

模拟退火算法原理来源于固体退火原理，将固体加温至充分高，再让其徐徐冷却，加温时，固体内部粒子随温升变为无序状，内能增大，而徐徐冷却时粒子渐趋有序，在每个温度都达到平衡态，最后在常温时达到基态，内能减为最小。根据 Metropolis 准则，粒子在温度 T 时趋于平衡的概率为 $e(-\Delta E/(kT))$，其中 E 为温度 T 时的内能，ΔE 为其改变量，k 为 Boltzmann 常数。用固体退火模拟组合优化问题，将内能 E 模拟为目标函数值 f，温度 T 演化成控制参数 t，即得到解组合优化问题的模拟退火算法：由初始解 i 和控制参数初值 t 开始，对当前解重复“产生新解→计算目标函数差→接受或舍弃”的迭代，并逐步衰减 t 值，算法终止时的当前解即为所得近似最优解，这是基于蒙特卡罗迭代求解法的一种启发式随机搜索过程。退火过程由冷却进度表（Cooling Schedule）控制，包括控制参数的初值 t 及其衰减因子 Δt、每个 t 值时的迭代次数 L 和停止条件 S。

模拟退火算法新解的产生和接受可分为如下 4 个步骤：

步骤 1 由一个产生函数从当前解产生一个位于解空间的新解；为便于后续的计算和接受，减少算法耗时，通常选择由当前新解经过简单地变换即可产生新解的方法，如对构成新解的全部或部分元素进行置换、互换等，注意到产生新解的变换方法决定了当前新解的邻域结构，因而对冷却进度表的选取有一定的影响。

步骤 2 是计算与新解所对应的目标函数差。因为目标函数差仅由变换部分产生，所以目标函数差的计算最好按增量计算。事实表明，对大多数应用而言，这是计算目标函数差的最快方法。

步骤 3 是判断新解是否被接受，判断的依据是一个接受准则，最常用的接受准则是 Metropolis 准则：若 $\Delta T<0$ 则接受 S' 作为新的当前解 S，否则以概率 $\exp(-\Delta T/T)$ 接受 S' 作为新的当前解 S。

步骤 4 是当新解被确定接受时，用新解代替当前解，这只需将当前解中对应于产生新解时的变换部分予以实现，同时修正目标函数值即可。此时，当前解实现了一次迭代。可在此基础上开始下一轮试验。而当新解被判定为舍弃时，则在原当前解的基础上继续下一轮试验。

模拟退火算法与初始值无关，算法求得的解与初始解状态 S（算法迭代的起点）无关；模拟退火算法具有渐近收敛性，已在理论上被证明是一种以概率 1 收敛于全局最优解的全局优化算法；模拟退火算法具有并行性。

4.3.1.3 服务组合模拟退火算法

采用模拟退火算法，求解云制造服务组合问题求解算法如下：

步骤 1 解空间。层次化服务组合路径 P 包含一系列的子路径 $P=\{P_1, P_2, \cdots, P_J\}$，$P_j$ 中的节点 P_{jk} 对应候选云服务集 RSS_{jk} 中的某个候选云服务 RS_{jkh}，可用 x_{jk} 代表云服务 RS_{jkh} 在 RSS_{jk} 中的序号 h(为方便，以 X_{jk} 表示 RS_{jkh})，则层次化的云服务组合问题的解空间 S 可表示为

$$S=\{\{\chi_{11}, \chi_{12}, \cdots, \chi_{1k_1}\}, \{\chi_{21}, \chi_{22}, \cdots, \chi_{2k_2}\}, \cdots, \{\chi_{J1}, \chi_{J2}, \cdots, \chi_{Jk_J}\}\} \tag{4-29}$$

S 是一个二维的空间，共有 $N=\sum_{j=1}^{J} K_j$ 个元素。初始时，可以用 Monte Carlo 方法从中求得一个较优的解 S_0。

步骤 2 剪枝。式（4-27）是针对服务组合子路径 $\boldsymbol{P}_j$ 的局部 QoS 约束，若路径 $\boldsymbol{P}$ 有 J 条子路径，子路径 $\boldsymbol{P}_j$ 的节点数均为 K，每个路径节点上可供选择的云服务有 H_x 个，则解空间存在 $\boldsymbol{H}_x^{JK}$ 组解。其中存在的大量不满足局部约束的组合方案不仅影响算法搜索效率，还同时将影响算法的性能，为此需使用下面的方法对路径进行剪枝操作：

（1）对二维解空间 $\boldsymbol{S}$，取其中的一维 $S_{[j]}$；

（2）对 $S_{[j]}$ 中的 x_{jk}，分别选取 X_{jk} 所有可能值中可靠性和信誉度最大的元素，并计算 $S_{[j]}$ 对应路径的最大可靠性 $Rel_{\max}$ 和信誉度 $Rep_{\max}$；

（3）分别选取 X_{jk} 所有可能值中可靠性和信誉度最小的元素，并计算 $S_{[j]}$ 对应路径的最小可靠性 $Rel_{\min}$ 和信誉度 $Rep_{\min}$；

（4）取 $(Rel_{\max}Rel_{\min})^{1/2}$、$(Rep_{\max}+Rep_{\min})/2$ 为 $S_{[j]}$ 对应子路径的 P_j 的 QoS 约束（Rel_u 和 Rep_u）；

（5）对空间 $S_{[j]}$ 所有可能出现的解 $S_{0[j]}$，根据式（4-17）、式（4-18）计算对应的可靠性 Rel 和信誉度 Rep；

（6）若 $Rel<Rel_u$ 或 $Rep<Rep_u$，执行剪枝操作，从 $S_{[j]}$ 中剔除 $S_{0[j]}$。

剪枝过程的复杂度为 JH_x^K，相对于整个解空间的搜索，只占到 J/H_x^J；若剪枝操作能够筛选掉各子路径中 50% 的候选服务组合，则解空间将减少到之前的 $1/2^J$。故剪枝操作耗费的计算时间是值得的。

步骤 3 目标函数。以时间 T 和成本 C 为服务质量的评价指标，在式（4-25）定义了基于权重系数的目标函数：

$$dest(p)=\alpha T(p)+\beta C(p) \tag{4-30}$$

步骤 4 约束条件。式（4-27）、式（4-28）分别定义了子路径 P_j 和路径 P 的 QoS 约束，解空间 S 对应的服务组合路径必须满足这两个约束。

步骤 5 新解的产生。对当前解 $\boldsymbol{S}_0$ 取任意的 $\boldsymbol{X}_{JK}$，根据可选的云服务，替换

为 X'_{JK}，得到 S_0 的邻域 S'，结合式（4-29）推导得：

$$S' = \{\{\chi_{11}, \chi_{12}, \cdots, \chi_{1k_1}\}, \{\chi_{21}, \chi_{22}, \cdots, \chi_{2k_2}\}, \cdots, \{\chi_{J1}, \chi_{J2}, \cdots, \chi_{Jk_J}\}\} \tag{4-31}$$

步骤 6 代价函数。若新的解 S' 对应的服务组合路径为 P'，其代价函数 Δf 可表示如下：

$$\Delta f = \alpha(T(P') - T(P)) + \beta(C(P') - C(P)) \tag{4-32}$$

步骤 7 接受准则。对新的解空间 S'，按以下概率进行接受：

$$PA = \begin{cases} 0 & \text{不满足约束条件} \\ \exp(-\Delta f/T) & \text{满足约束条件且 } \Delta f \geqslant 0 \\ 1 & \text{满足约束且 } \Delta f < 0 \end{cases} \tag{4-33}$$

只有在新路径满足约束条件的情况下，才允许接受新路径。若$\Delta f<0$，则接受新路径；否则，以概率 $\exp(-\Delta f/T)$ 接受新的路径。

步骤 8 降温。利用选定的降温系数 $\lambda(0<\lambda<1)$ 进行降温得到新的温度，即 $T \leftarrow \lambda T$。λ 可根据算法要求进行调整，降温越慢，算法找到全局最优解的可能性越大，但执行的时间也越久。

步骤 9 结束条件。用选定的终止温度 e，判断退火过程是否结束。如果 $T<e$，则算法结束，得到最终的解。

4.3.2 可靠性模式组合算法

肖宗敏等人在云制造服务组合可靠性模式的基础上，提出了基于离散粒子群的云制造服务组合算法。与可靠性评估相同，云制造服务组合的服务质量评估是以单一服务的服务质量评估为基础。文献［4］采用概率密度函数表示服务实例服务质量中的时间和质量 2 个属性，服务组合的 QoS 由单一服务实例的服务质量共同决定；由于服务组合中所有单一服务的联合概率密度难以计算，因此采用加权期望的方法计算服务组合的服务质量指标。假设服务组合的费用为 C_{zh}，质量为 Z_{zh}，时间为 T_{zh}，即 $C_{zh} = \sum_{i=1}^{n} C_{f_i}$。

服务组合的服务质量依赖于单个服务的期望 $Ef(x)_z$，可以采用单一服务费用与总服务费用的比值作为权值，即 $Z_{zh} = \sum_{i=1}^{n} \frac{C_{f_i}}{C_{zh}} \cdot Ef_1(X)_z$。

在组合服务中，服务之间有顺序和合并 2 种关系。若为顺序关系，则 $T_{zh} = \sum_{i=1}^{n} T_{f_i}$；若为合并关系，则 $T_{zh} = \max\{T_{f_1}, T_{f_2}, \cdots, T_{f_n}\}$。

4.3.2.1 粒子群算法

粒子群算法（Particle Swarm Optimization，PSO）是一种基于种群的随机优化技术，由 Eberhart 和 Kennedy 于 1995 年提出。粒子群算法模仿昆虫、兽群、鸟群和鱼群等的群集行为，这些群体按照一种合作的方式寻找食物，群体中的每个成员通过学习它自身的经验和其他成员的经验来不断改变其搜索模式。

粒子群算法为一种基于种群的搜索过程，其中每个个体称作微粒，定义为在 D 维搜索空间中待优化问题的潜在解，保存有其历史最优位置和所有粒子的最优位置的记忆，以及速度。在每一演化代，微粒的信息被组合起来调整速度关于每一维上的分量，继而被用来计算新的微粒位置。微粒在多维搜索空间中不断改变它们的状态，直到到达平衡或最优状态，或者超过了计算限制为止。问题空间的不同维度之间唯一的联系是通过目标函数引入的。很多经验证据已经显示该算法是一个非常有效的优化工具。

PSO 算法是一种随机的、并行的优化算法。它的优点是：不要求被优化函数具有可微、可导、连续等性质，收敛速度较快，算法简单，容易编程实现。而 PSO 算法的缺点在于：

（1）针对有多个局部极值点的函数，容易陷入到局部极值点中，得不到正确的结果。造成这种现象的原因有两种，一是由于待优化函数的性质；二是由于微粒群算法中微粒的多样性迅速消失，造成早熟收敛。这两个因素通常密不可分地纠缠在一起。

（2）由于缺乏精密搜索方法的配合，PSO 算法往往不能得到精确的结果。造成这种问题的原因是 PSO 算法并没有很充分地利用计算过程中获得的信息，在每一步迭代中，仅仅利用了群体最优和个体最优的信息。

（3）PSO 算法虽然提供了全局搜索的可能，但是并不能保证收敛到全局最优点上。

（4）PSO 算法是一种启发式的仿生优化算法，当前还没有严格的理论基础，仅仅是通过对某种群体搜索现象的简化模拟而设计的，但并没有从原理上说明这种算法为什么有效，以及它适用的范围。因此，PSO 算法一般适用于一类高维的、存在多个局部极值点而并不需要得到很高精度解的优化问题。

4.3.2.2 服务组合 PSO 算法

制造云服务组合需要对候选服务首先进行序列化，由于在服务搜索时是基于语义的功能匹配实现的，因此在服务排序时可以依据相似度进行排序，对于功能描述相同即语义相似度相同的服务则依据综合可靠性排序。每个服务实例有 5 个参数：描述服务编码 N，服务输出接口 O_{f_i}，服务输入接口 I_{f_i}，服务空闲时间集 T_{f_i}以及服务所需最短时间 t_{f_i}，工作流模板中的单一业务过程对应单一服务实例，其主要包括 4 个参数：起始时间 $t_{y_{i1}}$，终止时间 $t_{y_{i2}}$，业务输入接口 I_{y_i}和业务输出接口 O_{y_i}，云制造服务组合中主要抽象出 3 类约束条件。

（1）业务流程接口约束。指前继服务的输出接口必须与后继服务的输入接口相同，表达式可表示为：

$$\begin{cases} O_{y_1}=I_{y_2}(\text{顺序服务}) \\ \begin{cases} O_{y_3}=I_{y_4} \\ Q_{y_3}=I_{y_5}(\text{后继并行服务}) \\ Q_{y_3}=I_{y_6} \end{cases} \\ \begin{cases} O_{y_7}=I_{y_{10}} \\ Q_{y_8}=I_{y_{10}} \end{cases}(\text{前继并行服务}) \\ \vdots \\ O_{y_i}=I_{y_{i+k}} \end{cases} \tag{4-34}$$

(2) 工作历约束。指要求某一业务所需执行的时间中，对应的服务实例工作历空闲；表达式可表示为：

$$\begin{cases} \begin{cases} T_{y_{12}}-T_{y_{11}} \geqslant t_{f_1} \\ \{T_{y_{11}},\ T_{y_{12}}\} \in T_{f_1} \end{cases} \\ \begin{cases} T_{y_{22}}-T_{y_{21}} \geqslant t_{f_2} \\ \{T_{y_{21}},\ T_{y_{22}}\} \in T_{f_2} \end{cases} \\ \vdots \\ \begin{cases} T_{y_{i2}}-T_{y_{i1}} \geqslant t_{f_i} \\ \{T_{y_{i1}},\ T_{y_{i2}}\} \in T_{f_i} \end{cases} \end{cases} \tag{4-35}$$

(3) 时间节点约束。指后继服务只能在前继服务完成后才能开始；表达式可表示为：

$$\begin{cases} T_{1_2} \leqslant T_{2_1}(\text{顺序服务}) \\ T_{3_2} \leqslant \min\{T_{4_1},\ T_{5_1},\ T_{6_1}\}(\text{后继并行服务}) \\ T101 \leqslant \max\{T_{7_2},\ T_{8_2},\ T_{9_2}\}(\text{前继并行服务}) \\ \vdots \\ T_{i_2} \leqslant I_{i+k2} \end{cases} \tag{4-36}$$

服务实例的高度离散化为云制造服务组合的关键特点之一，服务之间不存在任何可微、可导、可积的关系。利用二进制 PSO 算法机制可以用来处理离散变量。此算法将 n 个业务环节的候选服务即粒子搜索空间转换成 n 维的二进制空间，记为 B^n；然后相应每个粒子的位置矢量也被转化成二进制。但是，粒子的速度矢量不用变化，仍然属于实数空间 R^n，即有 $V \in [-V_{\max},\ V_{\max}]$。为此基本 PSO 算法中的速度公式就无须改变，只需对位置更新公式进行修改，每个粒子的速度和位置更新公式分别为：

$$V_{ij}(t+1)=\omega \times V_{ij}(t)+c_1 \times r_1 \times (B_i-X_{ij}(t))+c_2 \times r_2 \times (B_i-X_{ij}(t)) \tag{4-37}$$

$$X_{ij}(t+1)=\begin{cases}0, & 其他\\ 1, & A < S[V_{ij}(t+1)]\end{cases} \tag{4-38}$$

$$P[X_{ij}(t+1)=1]=S[V_{ij}(t+1)] \tag{4-39}$$

上述算法中除 A 外的所有参数都与基本 PSO 算法相同，A 是［0，1］之间的随机数。由式（4-38）可以看出，粒子取值 1 或 0 的概率是由粒子的当前速度决定，即由粒子速度决定一个范围在［0，1］之间的概率选择参数 s，若 s 接近于 0，则粒子更可能被选择为 0；若 s 接近于 1，则粒子将更可能被选择为 1。文献［4］采用 Sigmoid 函数确定参数，s. Sigmoid 函数是人工神经网络中常用的一种非线性作用函数，其表达式为 $s=S(V_{ij}(t))=\frac{1}{e^{-V_{ij}(t)}}$。

为更好地解决多目标 PSO 算法问题，群体最优解和个体最优解的选择是一个必须解决的问题。针对单目标 PSO，通过目标函数可以直接选择；针对多目标 PSO，往往可通过 3 类方法解决这一问题：权重评价法、Pareto 机制与粒子群算法相结合以及多种群的策略。粒子群算法在进化初期收敛速度较快，但进化后期因缺乏有效的机制使其逃离局部极值而导致收敛速度变慢。而 Pareto 机制与 PSO 算法相结合的多目标优化群体最优解和个体最优解选择方法有助于在进化后期保持种群的多样性。

Pareto 机制（即 Pareto 最优）是由意大利经济学家维弗雷多·帕累托提出，是指资源分配的一种理想状态，假定固有的一群人和可分配的资源，从一种分配状态到另一种状态的变化中，在没有使任何人境况变坏的前提下，使得至少一个人变得更好。帕累托最优状态就是不可能再有更多的帕累托改进的余地；换句话说，帕累托改进是达到帕累托最优的路径和方法。帕累托最优是公平与效率的“理想王国”。

敬石开等人采用 Pareto 机制与 PSO 算法相结合的方法处理群体最优解和个体最优解的选择问题。在 PSO 算法中每次都会选择群体最优解，粒子群跟随最优解快速收敛于最优区域。在多目标 PSO 算法求解中，如何快速从非劣解中选取全局最优解是一个重要的问题；另一个重要问题是如何维护非劣解集。非劣解过少粒子群容易陷入局部最优解，降低全局优化的质量；非劣解如果过多又难以有效指导粒子群在搜索空间内寻优。文献［4］在优化过程中，非劣解集通过粒子群迭代更新；粒子群的群体最优值则从非劣解集中随机选取。具体算法流程如下：

步骤 1：初始化粒子群 P，给定 PSO 算法的粒子维度 j，粒子群规模 N、最大迭代次数 M，随机产生每个粒子的位置 X_{ij}、速度 V_{ij}，迭代次数计数器初始值设为 0。

步骤 2：针对每个粒子计算其相对于多目标函数 $f_k(x)$ 的适应度值 $f_k(x_{jk})$，

并对其进行排序，将适应度高的前 N 个粒子初始化为支配解集，将剩余粒子初始化为非劣解集。粒子适应度 N_F 计算公式可表示为 $N_F(k, i)=f_k(X_{jk})$ 和 $N_F(i)=\frac{1}{Z}\sum_{k=1}^{Z}N_F(k, i)$。

步骤 3：从非劣解集中随机选取全局最优解。对各种群中的所有粒子按照公式（4-37）、式（4-38）进行速度和位置更新。

步骤 4：更新各种群中粒子的个体最优解。

步骤 5：维护非劣解集。当新解不受非劣解中元素支配时，将新解加入非劣解集；否则，不加入。若非劣解集中元素过多，则计算非劣解集中元素间的支配关系，按照被支配元素的多少排序将被较多元素支配的元素从非劣解中移除。

步骤 6：检查是否达到最大迭代次数，若达到，则停止搜索；否则转到步骤 3，继续搜索。

算法复杂度分析：假设服务组合需求包含 K 个任务，则粒子为 K 维。初始化生成 N 个粒子，优化目标为 D 个，则步骤 2 的时间复杂度为 $O(N\times K\times D)$；步骤 3 为更新粒子的位置和速度，其时间复杂度为 $O(2\times N\times K)$；步骤 4 为选取个体最优解其时间复杂度为 $O(N\times K\times D)$；设迭代次数为 M，则算法的时间复杂度为 $O(M\times N\times K\times(D+2))$。

4.3.3 粒度模式组合算法

4.3.3.1 强度帕累托进化算法

Zitzler 提出了第二代强度帕累托进化算法（improved strength Pareto evolutionary algorithim，SPEA2）。该算法的优点在于：需要人为设置的参数较少，具有高效的优化性能和速度，且能够获得分布均匀的 Pareto 前沿。然而，SPEA2 在维护目标空间的广阔性和算法收敛速度等方面依然还存在一些欠缺之处。文献 [9] 在提出的粒度模式基础上，将 Epsilon 策略引入 SPEA2，求解混合粒度下 MCS 资源动态多目标优化组合问题。通过对制造服务需求的解析，将制造服务按照粒度从大到小的顺序进行匹配，实现了云池资源的初次过滤；然后构建基于总服务成本、服务质量和交易期的制造云多目标优化数学模型，从而快速高效地获得帕累托最优解；采用基于改进优劣解距离的动态多属性决策方法对帕累托最优解所代表的互为非支配的制造云服务组合方案进行评价排序，筛选出最优的制造云服务组合方案。

首先构建“制造服务内容-MCS 资源”关系的编码方式。结合“制造服务内容-MCS 资源”关系的实际情况和 Epsilon-SPEA2 的运行机理，采用决策向量来表示算法的染色体，则染色体就代表 MCS 优化组合方案。具体方法为：将构成算法种群的第 i 个染色体用决策向量 z^i 表示，则算法进化至第 Gen 代时染色体 i

的组成标记为 $Z^i(Gen)=[Z_1^i(Gen), \cdots, Z_p^i(Gen), \cdots, Z_s^i(Gen)]$，式中 $Z_p^i(Gen)$ 是一个长度为 Q^p 的基因片段，表示能提供第 p 项服务内容的所有 MCS 资源集合；而 $Z_p^i(Gen)$ 的具体组成为 $Z_p^i(Gen)=[Z_{p,1}^i(Gen), \cdots, Z_{p,q}^i(Gen), \cdots, Z_{p,Q^p}^i(Gen)]$；$Z_{p,q}^i \in \{0, 1\}$ 代表决策项 $\phi_{p,q}$ 的单个基因。这样就可以使得单个基因与决策项一一对应，清楚地表达制造服务内容与 MCS 资源之间关系，而且符合 Epsilon-SPEA2 的布尔运行机理。

可定义任意解 Z 的约束违反度为

$$Y(Z)=(1-R_f)\frac{1}{L}\sum_{j=1}^{L}\frac{C_j(Z)}{c_{\max}^j} \tag{4-40}$$

式中 $C_j(z)=\begin{cases}\max(0, g_j(z)), & j=1, 2, \cdots, J\\ \max(0, |h_j(z)|-\delta), & j=J+1, \cdots, L'\end{cases}$

$c_{\max}^j=\max\limits_{z} C_j(z)$，$\delta$ 指等式约束容差值，其按照动态约束可行比率 R_f 来取值，然后将约束违反度 $Y(z)$ 包含在适应度的计算模型中进行求解。具体算法如下：

步骤 1：对 Epsilon-SPEA2 的基本参数进行初始化，利用以上编码方式对“制造服务内容-MCS 资源”选择关系 $Z_{p,q}$ 进行编码。设定算法初始进化代数 Gen=0，最大进化代数 Gen_max，交叉重组概率 P_c，变异概率 P_m。随机产生初始的内部群体 U_0，构造一个空的档案容器 V_0。算法运行到任意代数 Gen 时，内部种群 U_{Gen} 的最大容积为 E，档案容器 V_{Gen} 的最大容积为 D。当 Gen=0 时，保证 $\text{card}(U_0)=E$，$\text{card}(V_0)=\Phi$。式中 card(·) 为集合的势函数。

步骤 2：计算内部种群 U_{Gen} 与档案容器 V_{Gen} 中各染色体在进化到第 Gen 代时的适应度。首先需要给 U_{Gen} 和 V_{Gen} 中的任意染色体 Z^i 都分配一个压力值

$$\Omega(z^i)=card\{(j \mid z^i \in (U_{\text{Gen}} \cup V_{\text{Gen}}) \wedge (z^i \prec z^j))\} \tag{4-41}$$

压力值代表 z^i 所支配的个体数，“∧”是数理逻辑中的合取符号，z^i 的基本适应度 $\nabla(z^i)$ 可以表示为

$$\nabla(z^i)=\sum_j \{\Omega(z^j) \mid z^j \in (U_{\text{Gen}} \cup V_{\text{Gen}}) \wedge (z^i \prec z^j)\} \tag{4-42}$$

兼顾各染色体的密集排斥作用，将密集度指标 $\Theta(z^i)$ 代入染色体的基本适应度 $\nabla(z^i)$ 中；$\Theta(z^i)$ 指由“k-近邻法”所定义的 Z^i 的密集度指标进行计算。考虑到约束违反度 $Y(z^i)$ 对算法的影响，定义一个全面的适应度函数：

$$\Gamma(z^i)=(1-Y(z^i)/\nabla(z^i)+\Theta(z^i)) \tag{4-43}$$

其值越大，说明综合性能 z^i 越优，反之亦然。

步骤 3：将 U_{Gen} 和 V_{Gen} 中所有非支配个体进行复制后归档到 $V_{\text{Gen+1}}$ 中。如果 $\text{card}(V_{\text{Gen+1}})<D$ 时，那么从 U_{Gen} 和 V_{Gen} 中选择适应度最大的 $D-\text{card}(V_{\text{Gen+1}})$ 个支配性个体补充到 $V_{\text{Gen+1}}$ 中，即

$$\{j \mid z^j \in (U_{\text{Gen}} \cup V_{\text{Gen}} \wedge \max_{D-\text{card}(V_{\text{Gen+1}})} (\Gamma(z^j))\} \Rightarrow V_{\text{Gen+1}} \tag{4-44}$$

如果 card(V_{Gen+1}) >D 时，为防止种群退化，则采用基于网格向量的精英保留策略以控制其规模，直至 card(V_{Gen+1}) = D 为止。

步骤 4：算法终止状态判断。若当前代数 Gen≥Gen_max，则算法终止，并将 V_{Gen+1} 中的 OPT_num 个 Pareto 最优解组成的 Pareto 前沿作为优化结果输出。否则，执行步骤 5。

步骤 5：对档案容器 V_{Gen+1} 执行锦标赛算法来选择适应度最优的染色体填充到交配池中，并更新 V_{Gen+1} 并且保持新生代群体旺盛的生命力。

步骤 6：采用 ε 支配关系对 V_{Gen} 和 V_{Gen+1} 中的染色体进行比较，挑选较优者进入 U_{Gen+1}。若互为不可支配，那么随机选择一个较优者对交配池中个体实施重组和变异操作，产生的新个体进入 U_{Gen+1}；更新记录算法进化代数的计数器，即 Gen = Gen+1；然后转步骤 2。

经 Epsilon-SPEA2 算法求解产生 Pareto 前沿，其中每个 Pareto 最优解的染色体基因均为符合条件的 MCS 资源。因此，一个 Pareto 解就代表一个可行的 MCS 资源组合方案。这些 Pareto 最优解在总服务成本、交易期、服务质量等方面具有非支配性，此时方案的数量也被进一步缩小到有限数量 Opt_num。

4.3.3.2 基于改进的 TOPSIS 动态多属性决策方法

TOPSIS(Technique for Order Preference by Similarity to an Ideal Solution) 法是 C. L. Hwang 和 K. Yoon 于 1981 年首次提出，TOPSIS 法是依据有限个评价对象与理想化目标的接近程度进行排序的方法，是在现有的对象中进行相对优劣的评价。TOPSIS 法是一种逼近于理想解的排序法，此方法只要求各效用函数具有单调递增（或递减）性就行。TOPSIS 法是多目标决策分析中一种常用的有效方法，又称为优劣解距离法。

TOPSIS 基本原理是通过检测评价对象与最优解、最劣解的距离来进行排序，如果评价对象最靠近最优解同时又最远离最劣解，则为最好；否则不为最优。其中最优解的各指标值都达到各评价指标的最优值，最劣解的各指标值都达到各评价指标的最差值。但因为其在进行决策矩阵元素归一化时会造成归一化后元素与原始元素差值的线性比扭曲，且在计算方案与理想方案的偏移距离时放大方案权重的效用，文献［12］引入决策矩阵线性变换和 Minkowski 距离的概念对 TOPSIS 进行改进，并结合灰色数的概念对 Opt_num 个 Pareto 最优解所代表的 MCS 资源动态组合方案进行评价和优选，从而筛选出最优的 MCS 资源组合方案，即最终的制造云服务组合。

定义决策矩阵 $D_a = \begin{bmatrix} a_{11} & a_{12} & \cdots & a_{1m} \\ a_{21} & a_{22} & \cdots & a_{2m} \\ \vdots & \vdots & \cdots & \vdots \\ a_{n1} & a_{n2} & \cdots & a_{nm} \end{bmatrix}$，

归一化后的矩阵 $D_b = \begin{bmatrix} b_{11} & b_{12} & \cdots & b_{1m} \\ b_{21} & b_{22} & \cdots & b_{2m} \\ \vdots & \vdots & \cdots & \vdots \\ b_{n1} & b_{n2} & \cdots & b_{nm} \end{bmatrix}$

式中，m 为每个方案的属性数目；n 为方案的数目。

利用改进的 TOPSIS 决策方法评价和优选具体步骤如下：

步骤 1：利用决策矩阵线性变换方法获得归一化的灰色矩阵，其中望大性的归一化决策矩阵元素变换方程为

$$(\otimes b_{ij}^{t})_{\max} = \frac{a_{ij}^{t}}{\max(a_{ij}^{-t})} = \left[\frac{\underline{a}_{ij}^{t}}{\max(a_{ij}^{-t})}, \frac{a_{ij}^{-t}}{\max(a_{ij}^{-t})}\right] \tag{4-45}$$

望小性的归一化决策矩阵元素变换方程为

$$(\otimes b_{ij}^{t})_{\min} = -\frac{a_{ij}^{t}}{\min(\underline{a}_{ij}^{-t})} + 2 = \left[\frac{-a_{ij}^{t}}{\min(\underline{a}_{ij}^{-t})} + 2, \frac{-a_{ij}^{-t}}{\max(\underline{a}_{ij}^{t})} + 2\right] \tag{4-46}$$

式（4-45）和式（4-46）中，a_{ij}^{t}表示第 i 个方案的第 j 个属性在第 t 阶段的灰色数值，$\underline{a}_{ij}^{t}$和 a_{ij}^{-t}分别为下限与上限；$(\otimes b_{ij}^{t})_{\max}$和$(\otimes b_{ij}^{t})_{\min}$分别表示变换且标准化后的望大望小属性值。

步骤 2：确定正负理想方案值。对于服务内容 p 而言，Q^{p} 个 MCS 资源中关于第 j 个属性的第 t 次服务的正负理想方案值可表示为

$$\begin{aligned} A_{j}^{t+} &= \{(\max c_{ij} \mid j \in J), (\min c_{ij} \mid j \in \tilde{J}) \mid i \in n, t = 1, 2, \cdots, T\} \\ &= [b_{1}^{+}, b_{2}^{+}, \cdots, b_{m}^{+}] \end{aligned} \tag{4-47}$$

$$\begin{aligned} A_{j}^{t-} &= \{(\min c_{ij} \mid j \in J), (\max c_{ij} \mid j \in \tilde{J}) \mid i \in n, t = 1, 2, \cdots, T\} \\ &= [b_{1}^{-}, b_{2}^{-}, \cdots, b_{m}^{-}] \end{aligned} \tag{4-48}$$

式（4-47）、式（4-48）中，J 为望大性的属性集合，$\tilde{J}$为望小性的属性集合；A_{j}^{t+} 为 t 阶段正理想方案，A_{j}^{t-} 为 t 阶段负理想方案。

步骤 3：利用基于权重灰色数的 minkowski 距离计算方法计算 t 阶段的偏移距离，其中正偏移距离计算公式为

$$d_{i}^{t+} = \left\{\frac{1}{2}\sum_{j=1}^{m}\omega_{j}\left[\,|b_{j}^{t+} - \underline{b}_{ij}^{t}|^{p} + |b_{j}^{t+} - b_{ij}^{-t}|^{p}\right]\right\}^{1/p} \tag{4-49}$$

负偏移距离计算公式为

$$d_{i}^{t-} = \left\{\frac{1}{2}\sum_{j=1}^{m}\omega_{j}\left[\,|b_{j}^{t-} - \underline{b}_{ij}^{t}|^{p} + |b_{j}^{t-} - b_{ij}^{-t}|^{p}\right]\right\}^{1/p} \tag{4-50}$$

式（4-49）和式（4-50）中，ω_{j} 指第 j 个属性的权重，其由 AHP 法获得；当 $p=2$ 时，偏移距离即为欧式距离。

步骤4：拟合各阶段的偏移距离。引入模糊隶属度的概念和聚类方法对各个阶段的偏移距离值进行拟合。聚类目标函数为

$$F(u)=\sum_{t=1}^{T}\{[u_i v(t)d_i^{t+}]^2+[(1-u_i)v(t)d_i^{t-}]^2\} \tag{4-51}$$

式中，$v(t)$ 是阶段 t 的权重，$v(t)>0$，$v(t)=\{v(1), v(2), \cdots, v(T)\}$，$\sum_{t=1}^{\Gamma}v(t)=1$，$v(t)d_i^{t+}$ 和 $v(t)d_i^{t-}$ 分别为赋权重之后 A_i 的正偏移距离和负偏移距离；u_i 和 $1-u_i$ 为第 i 个方案对正理想方案和负理想方案的隶属度。

针对式（4-51）求 u_i 的偏导并令 $\frac{\partial F(u)}{\partial u_{\mathrm{i}}}=0$，解得

$$u_i=\frac{\sum_{t=1}^{\Gamma}(v(t)d_i^{t-})^2}{\sum_{t=1}^{\Gamma}(v(t)d_i^{t+})^2+\sum_{t=1}^{\Gamma}(v(t)d_i^{t-})^2} \tag{4-52}$$

式中，$0\leqslant u_1\leqslant 1$ 可知 $F(u)$ 随 u_i 的增大而增大。

步骤5：依据 u_i 的大小对方案集进行排序优选。如果 U_i 越大，指 MCS 在提供服务的整个历史中越优。对 MCS 资源重复步骤 1～步骤 4 S 次，并对 Opt_num 个 Pareto 最优解所涉及的 MCS 进行优选，直至每个需求的制造服务内容都选取了最佳的 MCS 为止。

4.3.4 教—学模式组合算法

在提出的制造云教—学模式描述基础上，金鸿等人进一步提出了基于教—学模式的制造云服务组合算法。在教学阶段，挑选班级中最优秀个体作为教师 s_T，针对制造云服务组合优化问题，选择群体中效用 QoS 值 UQ 最高的个体作为教师。

$$UQ(CMCS_m)=\sum_{q_n\in Q^-}\frac{Q_{n,\max}-q_n(CMCS_m)}{Q_{n,\max}-Q_{n,\min}}\times\omega_n+\sum_{q_n\in Q^+}\frac{q_n(CMCS_m)-Q_{n,\min}}{Q_{n,\max}-Q_{n,\min}}\times\omega_n \tag{4-53}$$

式中，Q^+表示积极属性指标，其属性值越大，QoS 越好，如可用性、可靠性和声誉等；Q^-表示消极属性指标，其属性值越大，服务质量越低，如时间、价格等；$Q_{n,\max}$为所有可能的 $CMCS$ 中第 n 个聚合 QoS 值的最大值，$Q_{n,\max}=\max(q_n(CMCS_m))$，$1\leqslant m\leqslant K_{\text{path}}$；$Q_{n,\min}$为所有可能的 $CMCS$ 中第 n 个聚合 QoS 值的最小值，$Q_{n,\min}=\min(q_n(CMCS_m))$，$1\leqslant m\leqslant K_{\text{path}}$；$\omega_n$ 表示各个 QoS 属性在 QoS 评价中的权重值，由系统或用户提供，$\sum\omega_n=1$。

教师 ST 将通过教学在一定程度上提高学生的各学科成绩，尽量使班级的平均值成绩逼近自己。在教学阶段，学生个体依据教师 ST 和平均值（Mean）的差异进行学习。学生个体的更新公式为

$$\text{Difference}_t = r_t(s_T - T_f \times \text{Mean}) \tag{4-54}$$

$$s_i^{new} = s_i^{old} + \text{Difference}_t \tag{4-55}$$

其中，t 表示迭代次数；*Mean* 表示学科成绩的平均值，$Mean = \left(\sum_{i=1}^{p} s_i\right)/\text{P}$，P 表示种群数目；$r_t$ 表示学习因子，为［0，1］中的随机数；T_f 表示教学因子，为 1 和 2 中的任一个数，

$$T_f = \text{round}[1 + \text{rand}(0,\ 1)] \tag{4-56}$$

另外，因为学生个体在每个科目的取值 $s_{i,j}$ 为一组离散的值域 $\{s_{i,j}:\ 0<s_{i,j}\leqslant k_j\}$，因此必须对每次迭代得到的 $s_{i,j}$ 做相应处理。在进化过程中，$s_{i,j}$ 的值取其结果的整数部分，且 $s_{i,j}$ 值在 $\{s_{i,j}:\ 0<s_{i,j}\leqslant k_j\}$ 之外时需进行调整。

在学习阶段，各学生 s 在群体中随机挑选一个学习对象 s_j，通过分析自己与其他学生的差异进行学习，学习方法类似于差分算法中的差分变异算子，不同的是在教-学模式中 每一个学员可采用不同的学习因子 r。在学习阶段中，学生个体更新的公式为：

$$s_i^{new} = \begin{cases} s_i^{old} + r_i \times (s_i - s_j),\ f(s_i) < f(s_j) \\ s_i^{old} + r_i \times (s_j - s_i),\ f(s_j) < f(s_i) \end{cases} \tag{4-57}$$

式中，r_i 表示［0，1］中的随机数；$f(s_i)$、$f(s_j)$ 分别为个体 s_i 和 s_j 的适应度值，此处指 s_i 和 s_j 所对应的 CMCS 的 UQ。

在学习阶段之后，若 s_i^{new} 的适应度值比 s_i^{old} 更高则接受该值。基于教—学模式的制造云服务组合算法如下：

步骤 1：设定迭代次数 $G_{\max}$ 和种群规模 m，并生成初始种群。

步骤 2：采用式（4-54）计算个体的效用 QoS 值。

步骤 3：找出教师个体，并计算平均值和教学因子。

步骤 4：教学阶段，采用式（4-54）和式（4-55）进行教学过程，得到新的个体。

步骤 5：教学阶段后，计算个体的 UQ 值，判断个体是否更新。

步骤 6：学习阶段，采用式（4-57）进行学生个体之间的随机交流，得到新的个体。

步骤 7：学习阶段后，计算个体的 UQ 值，判断个体是否更新。

步骤 8：重复步骤 3~步骤 8，直到满足终止条件。

步骤 9：输出最优个体，即为最优的组合服务。

4.3.5 协同模式组合算法

在制造云服务协同模式问题建模基础上，陈友玲等人提出了基于蚁群算法的制造云服务组合算法。

4.3.5.1 蚁群算法

蚁群算法（Ant Colony Optimization）是一种用来寻找优化路径的概率型算法。它由 Marco Dorigo 于 1992 年在其博士论文中提出，其灵感来源于蚂蚁在寻找食物过程中发现路径的行为。这种算法具有分布计算、信息正反馈和启发式搜索的特征，其本质是进化算法中的一种启发式全局优化算法。

蚁群系统（Ant System 或 Ant Colony System）是由意大利学者 Dorigo、Maniezzo 等人于 20 世纪 90 年代首先提出来的。他们在研究蚂蚁觅食的过程中，发现单个蚂蚁的行为比较简单，但是蚁群整体却可以体现一些智能的行为。例如蚁群可以在不同的环境下，寻找最短到达食物源的路径。这是因为蚁群内的蚂蚁可以通过某种信息机制实现信息的传递。后又经进一步研究发现，蚂蚁会在其经过的路径上释放一种可以称之为“信息素”的物质，蚁群内的蚂蚁对“信息素”具有感知能力，它们会沿着“信息素”浓度较高路径行走，而每只路过的蚂蚁都会在路上留下“信息素”，这就形成一种类似正反馈的机制，这样经过一段时间后，整个蚁群就会沿着最短路径到达食物源了。

将蚁群算法应用于解决组合优化问题的基本思路为：用蚂蚁的行走路径表示待优化问题的可行解，整个蚂蚁群体的所有路径构成待优化问题的解空间。路径较短的蚂蚁释放的信息素量较多，但随着时间的推进，较短的路径上累积的信息素浓度逐渐增高，选择该路径的蚂蚁个数肯定也愈来愈多。最后整个蚂蚁会在正反馈的作用下集中到最佳的路径上，此时对应的便是待优化问题的最优解。

蚂蚁找到最短路径要归功于信息素和环境，若现有两条路可从蚁窝通向食物，开始时两条路上的蚂蚁数量差不多：当蚂蚁到达终点之后会立即返回，距离短的路上的蚂蚁往返一次时间短，重复频率快，在单位时间里往返蚂蚁的数目就多，留下的信息素也多，会吸引更多蚂蚁过来，会留下更多信息素。而距离长的路正相反，为此越来越多的蚂蚁会聚集到最短路径上来。

蚂蚁具有的智能行为得益于其简单行为规则，该规则让其具有多样性和正反馈。在觅食时，多样性使蚂蚁不会走进死胡同而无限循环，是一种创新能力；正反馈使优良信息保存下来，是一种学习强化能力。两者的巧妙结合使智能行为涌现，若多样性过剩，系统过于活跃，会导致过多的随机运动，而入混沌状态；若多样性不够，正反馈过强，也易导致僵化，当环境变化时蚁群应就不能相应调整。

与其他优化算法相比，蚁群算法具有如下几个特点：

(1) 采用正反馈机制，使得搜索过程不断收敛，最终逼近最优解。

(2) 每个个体可以通过释放信息素来改变周围的环境，且每个个体能够感知周围环境的实时变化，个体间通过环境进行间接地通信。

(3) 搜索过程利用分布式计算方式，多个个体同时进行并行计算，大大提高了算法的计算能力和运行效率。

(4) 启发式的概率搜索方式不容易陷入局部最优，易于寻找到全局最优解。

4.3.5.2 基于 ACO 的制造云服务组合算法

蚁群算法相比于遗传算法，具有概念简单、参数少及优化结果明显等特点，特别适合于制造云服务的组合优化问题求解。但蚁群算法本身具有一些固有缺陷，如收敛速度慢、容易陷入局部最优解等。另外，算法大多直接从数学角度解决问题，而数学最优解不一定是实际最优解。因此，为尽快得到更符合实际的全局最优解，文献［14］在 ACO 算法基础上，以协同效应和 QOS 为目标函数，将反向学习和局部学习结合起来运用于求解最优服务组合。

(1) 禁忌准则。

在蚂蚁选择服务的过程中，将符合禁忌准则的服务放入禁忌列表 tabu_k 中。禁忌列表 tabu_k 主要负责记录蚂蚁 k 经过的制造云服务和不满足要求的服务。禁忌服务分为两类：1）已经完成的服务；2）QoS 较低及不能满足功能要求的服务。在完成一次迭代后，需要更新禁忌表，为缩短时间，将第二类服务一直储存于禁忌表中，每次迭代只要求更新第一类服务。

(2) 路径转移概率。

在第 t 次迭代中，蚂蚁 k 从节点服务 S_i 移动到下一个节点服务 S_j 的概率

$$P_{ij}^{(k)}(t)=\begin{cases}\dfrac{[\tau_{ij}(t)]^{\alpha}[\eta_{ij}(t)]^{\beta}}{\sum\limits_{s\in a_k(i)}[\tau_{ij}(t)]^{\alpha}[\eta_{ij}(t)]^{\beta}}, & j\in a_k(i)\\ 0, & \text{其他}\end{cases}\tag{4-58}$$

式中，$\tau_{ij}(t)$ 为第 t 次迭代时服务 S_i 和 S_j 之间的信息素，即服务 S_j 的 QoS 值；$\eta_{ij}(t)$ 为启发函数，表示服务 S_i 和 S_j 二者之间的协同效应值 C_{s_i,s_j}；α 和 β 分别为信息启发因子和期望启发因子，$a_k(i)=\{0-\mathrm{tabu}_k\}$ 为蚂蚁 k 在节点服务 S_i 处下一步可供选择的服务集合。

(3) 信息素更新。

当蚂蚁完成一次遍历后，各服务点上的信息素浓度按照下式调整：

$$\tau_{ij}(t+n)=(1-\rho)\cdot\tau_{ij}(t)+\sum_{k=1}^{k}\Delta\tau_{ij}^{(k)}(t)\tag{4-59}$$

式中，$\rho(0<\rho<1)$ 为路径上信息素的蒸发系数，$1-\rho$ 表示信息素的残留系数；$\sum\limits_{k=1}^{k}\Delta\tau_{ij}^{(k)}(t)$ 为本次迭代路径上 S_i 和 S_j 之间信息素的增量，k 表示蚁群数量；

$\Delta \tau_{ij}^{(k)}(t)$ 表示序号为 k 的蚂蚁在本次迭代中留在 S_i 和 S_j 之间的信息量：

$$\Delta \tau_{ij}^{(k)}(t)=\begin{cases}Q\cdot C_k & \text{第 } k \text{ 只蚂蚁在本次迭代中经过 } S_i \text{ 和 } S_j\\ 0 & \text{否则}\end{cases} \tag{4-60}$$

式中，Q 为一个预先设定的常量，为蚂蚁迭代一次所释放信息素的总量；C_k 为蚂蚁 k 路过的服务组合协同效应值。

(4) 改进方法。

和其他全局优化算法一样，蚁群算法在收敛速度和全局最优求解等方面始终存在一定的不足。为了提高收敛速度和求解精度，防止陷入局部最优解，文献［14］利用反向学习和局部学习相结合的方法对 ACO 算法进行适当改进。

蚁群在完成每次迭代后，都会更新历史最优服务组合 G_{s1} 和历史次优服务组合 G_{s2}，并通过二者之间的差分结果指导 G_{s1} 进行局部搜索，增强 G_{s1} 邻域内的搜索能力，具体如下：

$$G'_{s1}=G_{s1}+r\cdot d_t(G_{s1}-G_{s2}) \tag{4-61}$$

式中，r 代表［-1，+1］之间均匀分布的随机数，用于控制局部搜索的方向；d_t 表示第 t 代时的局域缩放因子。通常情况下，在迭代初期，G_{s1} 距离最优结果一般较远，而初期较大的 d_t 能使其在较大半径的邻域内进行局部搜索，从而提高收敛速度；到了迭代末期，G_{s1} 距离最优结果一般较近，此时为了提高求解精度，d_t 一般取值较小。为计算方便，可令 d_t 随着蚁群迭代次数的增加而线性递减，具体为：

$$d_{t+1}=d_t\cdot\left(1-\frac{t}{T}\right) \tag{4-62}$$

式中，T 表示总迭代次数；t 表示当前迭代次数。对局部搜索的结果 G'_{s1} 采用精英保留策略，即

$$G_{s1}=\begin{cases}G'_{s1}, & V(G'_{s1})>V(G_{s1})\\ G_{s1}, & \text{其他}\end{cases} \tag{4-63}$$

式中 $V(x)$ 表示制造云服务组合 x 的综合评价值。

当检测到最优结果处于未更新的状态时，可考虑算法陷入了局部最优解。为了解决这一问题，可利用反向学习法立即启动下一次迭代中的 n 只蚂蚁进行反向学习过程，其他的 $k-n$ 只蚂蚁不变，且 n 只蚂蚁的反向学习过程分别发生在不同的节点上，如其中一只蚂蚁位于节点 S_i 处，准备转至下一个节点 S_j，原本的选择是 $S_{j,2}$，但反向学习后的选择变为 $S_{j,m-2}$，而且后续选择回归正常。

因为任意两个节点之间不同服务的协同效应均不同，且最终考虑的是组合协同效应，可将反向学习运用到每个节点的路径选择中，可以得到很多被忽略的组合协同效应较高的服务组合，从而以较快的速度得到最优解。如果此时依然陷入局部最优解，则可以适度增大局部搜索范围，结合反向学习法来解决。

(5) 算法流程。

基于以上思路，引入制造云服务组合的协同效应和 QoS 对 ACO 算法进行改进，得到综合评价值最高的制造云服务优化组合，算法流程如下：

步骤 1：设定迭代的总次数为 T，迭代次数记为 t；蚂蚁总数为 K，蚂蚁数记为 k；信息启发因子 $\alpha=1.0$，期望启发因子 $\beta=2.0$，信息素挥发系数 $\rho=0.8$，禁忌表 $tabu_k=\varnothing$。将蚂蚁放到起点，分别计算路径上的信息素和期望值，即 QoS 和协同效应值。

步骤 2：根据式（4-62）计算与该蚂蚁下一个节点相连的所有路径的转移概率 $P_{ij}^{(k)}(t)$，并做出选择。

步骤 3：更新禁忌表 $tabu_k$，将选中的节点服务添加到禁忌表中。

步骤 4：当蚂蚁到达终点时，转步骤 5。

步骤 5：蚂蚁数 $k=k+1$，当 $k>K$ 时，转步骤 6，否则转步骤 1。

步骤 6：迭代次数 $t=t+1$，当 $t>T$ 时，迭代完成，转步骤 11，否则转步骤 7。

步骤 7：将蚂蚁所经过的所有路径的信息素求和，并对信息素进行更新。

步骤 8：根据式（4-61）计算制造云服务组合的综合评价值，得到最优服务组合，将进行局部学习。

步骤 9：将禁忌表 $tabu_k$ 中选中的节点服务清空，转步骤 1。

步骤 10：如果最优制造云服务组合未更新，则在步骤 2 中启动反向学习。

步骤 11：若所有迭代结束，则当前最优服务组合为最终结果。

4.3.6 子任务模式组合算法

作者在制造云服务子任务模式描述的基础上，进一步提出了基于改进蚁群算法的制造云服务组合优化算法，与文献［14］的思路不同，在分析制造云服务组合流程的基础上，通过子任务服务质量评估模型优选制造云服务，并将服务质量值作为信息素，以服务间转移成本为启发函数参数，利用最优路径列表和轮盘赌选择机制改进蚁群算法，求解整体最优组合路径，最后利用组合制造云服务的服务质量计算模型评估全局最优路径服务质量综合信息。

4.3.6.1 制造云服务组合蚁群模型

蚁群算法是一种用来在图中寻找优化路径的模拟进化算法，适合解决制造云的服务组合和优化问题。利用图论知识可将上述组合制造云服务的四元组转换为一个带权的有向图 $\boldsymbol{G}=\{\boldsymbol{V},\ \boldsymbol{E},\ \boldsymbol{Q},\ \boldsymbol{D}\}$，$\boldsymbol{V}$ 代表候选的制造云服务节点集，对应于制造云服务四元组中的候选服务集合 $\boldsymbol{S}$；$\boldsymbol{E}$ 代表两节点的边集，对应于四元组中关系集合 $\boldsymbol{R}$；$\boldsymbol{Q}$ 代表候选制造云服务的 QoS 值集合；$\boldsymbol{D}$ 代表制造云服务间转移成本集合。基于有向图 $\boldsymbol{G}$ 形成的制造云服务组合蚁群模型见图 4-1。

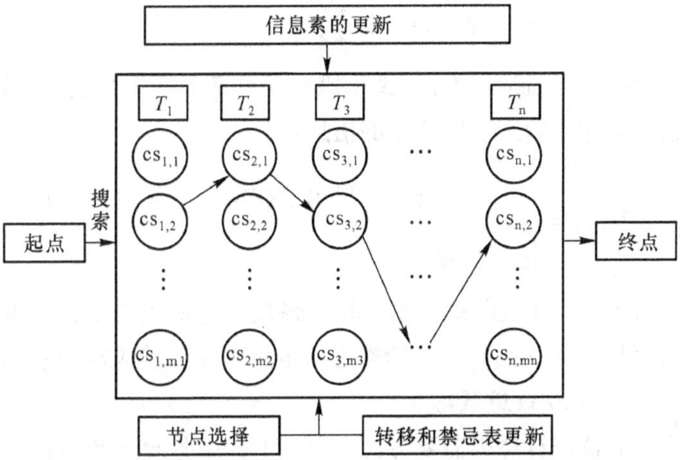

图 4-1 制造云服务组合蚁群模型

参考基本蚁群算法，各参数的信息约定如下：n 表示子任务的个数，m_i 表示第 i 个子任务候选制造云服务的个数，Ant_count 表示蚂蚁的数量，$\tau_{ij}(t)$ 代表 t 时刻在 ij 制造云服务上残留的信息量，ij 表示制造云服务的编号，$\tau_{ij}(0)=Q_{ij}$，Q_{ij} 表示计算出的单个制造云服务的效能。蚂蚁 $k(k\subset[1, Ant\_count])$ 在运动过程中，依据各制造云服务上的信息量决定转移方向。$p_{ij,lr}^{k}(t)$ 代表 t 时刻蚂蚁由 ij 制造云服务转移到 lr 制造云服务的概率：

$$p_{ij,\ lr}^{k}(t)=\begin{cases}\dfrac{[\tau_{lr}(t)]^{\alpha}\cdot[\eta_{lr}(t)]^{\beta}}{\sum\limits_{s\in \text{allowed}_k}[\tau_{sr}(t)]^{\alpha}\cdot[\eta_{sr}(t)]^{\beta}}, & lr\in \text{allowed}_k\\ 0, & \text{否则}\end{cases} \tag{4-64}$$

式中，allowed_k 代表蚂蚁 k 下一步可以选择的路径表，α 是信息素的重要程度，β 代表信息启发式因子；β 是路径能见度的相对重要性，代表期望启发因子。$\eta_{lr}(t)$是启发函数，$\eta_{lr}(t)=1/D_{(ij,lr)}$，$D_{(ij,lr)}$代表从 ij 制造云服务转移到 lr 制造云服务的转移成本[18]。

当完成一次遍历后，各服务点的信息素浓度要进行更新，这里可以用禁忌表 tabu_k 来记录蚂蚁 k 当前已访问过的制造云服务和 QoS 出现突发异常的服务，例如制造资源关闭导致云服务退出、机器故障导致制造云服务不可用等情况。可以用参数 ρ 代表信息素挥发系数，$\rho\subset[0, 1)$，经过 n 个时刻，各服务点上的信息素浓度可依据下式做调整：

$$\tau_{ij}(t+n)=(1-\rho)\cdot\tau_{ij}(t)+\Delta\tau_{ij}(t) \tag{4-65}$$

$$\Delta\tau_{ij}(t)=\sum_{k=1}^{\text{Ant\_count}}\Delta\tau_{ij}^{k}(t) \tag{4-66}$$

式中，$\Delta\tau_{ij}(t)$ 代表本轮循环中 ij 制造云服务信息素增量；$\Delta\tau_{ij}^{k}(t)$ 代表序号为 k 的蚂蚁本轮循环留在 ij 制造云服务上的信息量：

$$\Delta\tau_{ij}^{k}(t)=\begin{cases}\dfrac{Q}{L_k}, & \text{若第 } k \text{ 只蚂蚁在本次循环中经过 } ij\\ 0, & \text{否则}\end{cases} \tag{4-67}$$

式中，Q 是一个常量，代表蚂蚁搜索一轮所释放信息素的总量；Q 的值可以事先设定；L_k 代表序号为 k 的蚂蚁在本轮查寻所走过路径转移成本的总和。

4.3.6.2 蚁群算法改进策略

制造云服务的蚁群算法因需要考虑各节点上的服务质量和路径转移成本，因此与基本蚁群算法存在差异；另外，基本蚁群算法存在收敛速度慢、易陷入局部最优等特点，作者采用最优路径列表和轮盘赌选择机制来对其进行改进，以适应制造云服务的组合优化。

策略 1：完成一次遍历后，只有最优的蚂蚁（路径上制造云服务 QoS 总和最大）可以进行信息素更新。将式（4-69）和式（4-71）修改如下：

$$\tau_{ij}(t+n)=(1-\rho)\cdot\tau_{ij}(t)+\Delta\tau_{ij}^{best}(t) \tag{4-68}$$

$$\Delta\tau_{ij}^{best}(t)=\begin{cases}\dfrac{Q}{L_{best}}, & \text{若最优路径中包括 } ij \text{ 云服务}\\ 0\end{cases} \tag{4-69}$$

其中 L_{best} 代表本次循环中最优路径上制造云服务间转移成本之和。

策略 2：采用策略 1 后虽然加快了收敛的速度，但同时可能会导致搜索陷入局部最优的情况，为弥补上述不足，考虑加入轮盘赌选择机制。首先产生一个［0，1］范围内的随机数 r，如果 $p_1+p_2+\cdots+p_{i-1}<r<p_1+p_2+\cdots+p_i$，那么选择转移概率为 p_i 的候选服务将成为下一个访问点。可见轮盘选择会使蚂蚁往概率值大的地方走的可能性大，但也有一定的可能往概率小的地方走，这样可以使蚂蚁探索新的路径，降低算法进入局部最优解的概率。

策略 3：加入最优路径列表 L，用于保存蚂蚁寻优中信息素浓度排序在前 l 条的（QoS 综合性能较优）的路径，同时记录转移成本。每轮蚂蚁寻优结束，将列表 L 中的数据进行更新，如果本轮列表 L 中无数据更新，那么算法有可能陷入停滞，此时可采用轮盘赌选择机制，保证算法在达到最大循环次数后，L 中的数据为全局的最优服务组合集，避免算法陷入停滞。

策略 4：设定信息素量的上下限值，使路径上的信息量控制在［$\tau_{\min}$，$\tau_{\max}$］

范围之内；同时对挥发系数ρ进行动态调整，若ρ的值偏大，易造成制造云服务上残留的信息量趋于0，从而使算法陷入局部最优；若ρ值偏小，又会造成算法收敛速度太慢，因此作者将ρ初始值设为偏大值，后续搜索过程中动态调整ρ的值以避免算法陷入局部收敛，调整公式如下：

$$\rho(t+1)=\begin{cases}0.9\times\rho(t), & 若0.9\times\rho(t)>\rho_{\min}\\ \rho_{\min}, & 否则\end{cases} \tag{4-70}$$

4.3.6.3 基于改进蚁群的制造云服务组合优化

基于改进蚁群的制造云服务组合优化算法具体如下：

步骤1 假设迭代的次数为IT_count，蚂蚁数为M，迭代循环变量$n=0$，蚂蚁循环控制变量$k=0$，启发因子$\alpha=1.0$，期望因子$\beta=2.0$，信息素挥发系数$\rho=0.8$，禁忌表$tabu_k=\varnothing$，路径表$path_k=\varnothing$，最优服务组合列表$L=\varnothing$，$\tau_{\min}=1/20$，$\tau_{\max}=1$。将蚂蚁放置在制造云服务组合图中的初始节点，依据式（4-16）计算候选制造云服务的综合效能作为各节点信息素浓度的初值$\tau_{ij}(t)$。

步骤2 迭代循环变量$n=n+1$，若$n>$IT_count，跳出循环，转到步骤10。

步骤3 蚂蚁循环变量$k=k+1$，若$k>M$，跳出k循环，转移到步骤8。

步骤4 搜寻与该蚂蚁节点相连的所有路径，根据式（4-64）计算状态转移概率，选择下一节点。

步骤5 重新配置禁忌表$tabu_k$，将新选中的节点添加到禁忌表中，如果组合过程中发现任何一节点QoS出现异常，则将此节点加入禁忌表。

步骤6 如果新选中的节点为制造流程终点，那么此轮蚂蚁寻找服务结束，转步骤7，否则转步骤4。

步骤7 计算并记录此蚂蚁所经路径信息素的总和及路径转移成本的总和。

步骤8 比较本轮每只蚂蚁路径上信息素总和，依据信息素总和从大到小依次排序，选择最优的蚂蚁依据式（4-68）和式（4-69）对路径上的信息素进行更新。挑选前l条路径与$\boldsymbol{L}$中的所有服务比较，如果有性能更优的组合则修改列表$\boldsymbol{L}$，记录相应组合路径$path_k$的转移成本。如果本轮列表$\boldsymbol{L}$中无数据更新，则在步骤4中调用轮盘赌选择机制。

步骤9 将$tabu_k$和路径表$path_k$设为空，转步骤2。

步骤10 根据表4-1组合制造云服务QoS计算模型，计算列表$\boldsymbol{L}$中每条组合路径QoS总和（$\sum$QoS）及路径转移成本总和（$\sum$D），计算$w1\times\sum QoS+w2\times\sum D$，其中$w1+w2=1$，最后输出最优的组合服务。

算法复杂度分析：设蚂蚁寻优过程中最大分支数为K，最优路径列表$\boldsymbol{L}$的规模为L^*，则步骤3的时间复杂度为$O(IT_count\times M)$，步骤4为计算转移概率，

时间复杂度为 $O(IT\_count \times M \times K)$，步骤 8 为最优服务组合列表更新，需要进行的比较次数为 $l \times L^*$，因而该算法总的时间复杂度为 $O(IT\_count \times M \times K + l \times L^*)$。

4.4 实验与结果分析

4.4.1 实验设计

作者借助电信云计算平台，验证基于改进蚁群算法的制造云服务组合优化算法的可行性和有效性，设计了云制造服务组合实验平台的原型。采用 JavaSDK1.7 和 Eclipse 为集成开发环境，选用 Tomcat7.0 作为 Web 服务器，采用 MySQL 5.0 和 Hadoop 为数据库和大数据平台软件，采用 VMWare Esxi5.5 为虚拟化工具和 mpiBLAST 为分布式调用工具。实验以某阀门制造厂的阀门生产过程来构造实验应用的场景，从产品设计、制造、测试和包装流程中挑选出 5 个最具代表性的节点，按照任务分解要求组成如图 4-2 所示的制造流程。

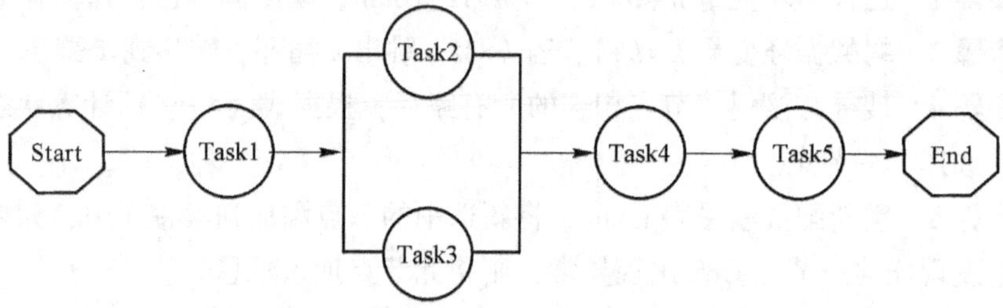

图 4-2 阀门制造流程

图 4-2 中，Task1 表示模具设计与锻造，Task2 表示阀体加工，Task3 表示零件加工，Task4 表示装配测试，Task5 表示喷漆包装。其中，Start 表示任务的发起方，End 表示制造流程最终回归到企业，Task2 和 Task3 节点为并行结构。每个节点都有若干候选制造云服务，阀门制造服务组合流程见图 4-3，图中用实线和虚线分别表示了两种可能的组合路径。

4.4.2 可行性实验

作者搭建的云制造服务试验平台包含了 100 个用于测试的阀门制造云服务，制造云池中有 3000 余条制造资源的历史记录。为演示推理过程，每个任务选择了 3 个候选服务作为推理样本，随机选取 7 个不同区域的模具制造企业作为研究对象，采用模具运输距离体现转移成本，表 4-2 所示为各制造资源之间的转移成本，数据来源于全国公路里程查询网。

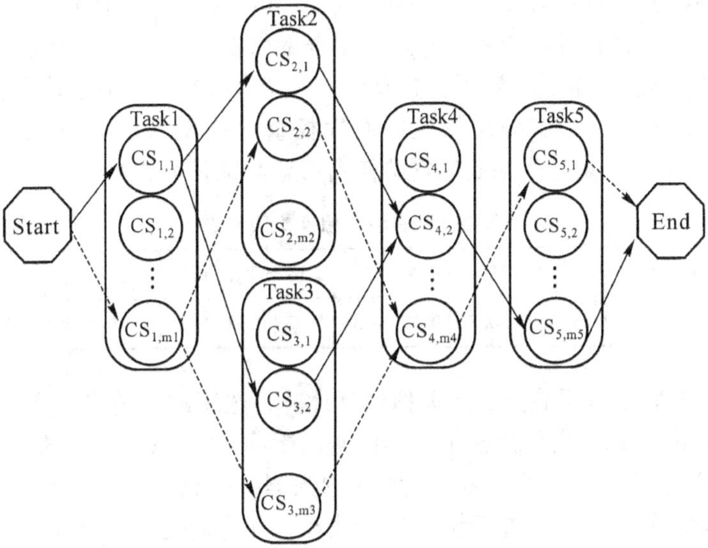

图 4-3 阀门制造服务组合流程

表 4-2 制造产品的转移成本（百公里）

制造资源	制造资源					
	CS_{21}	CS_{22}	CS_{23}	CS_{31}	CS_{32}	CS_{33}
CS_{11}	0.83	0.45	2.39	2.79	1.18	0.56
CS_{12}	2.52	2.33	3.85	4.35	2.76	2.26
CS_{13}	0.98	1.23	3.43	3.83	1.37	0.66
CS_{41}	2.97	2.41	0.48	0.76	1.45	2.76
CS_{42}	0.99	1.24	3.44	3.91	1.38	0.76
CS_{43}	0.87	1.28	3.39	3.45	0.32	0.64
制造资源	制造资源					
	CS_{41}	CS_{42}	CS_{43}	End		
CS_{51}	2.59	1.24	1.38	0.37		
CS_{52}	0.56	3.53	3.38	2.49		
CS_{53}	3.44	0.29	1.48	1.25		

制造云服务各 QoS 参数值基于历史记录信息，因而要取得有效的制造云服务 QoS 综合指标须根据各评价指标的来源分类采集并进行规范化处理。对于服务计算用时、获得正常响应次数、调用次数、网络时延和发生故障时间等值可以从制造云服务平台 QoS 管理数据库中获取；对于服务的价格、产品运输时间和用户评价等值可从云制造平台用户界面输入的值中提取。根据上述方法采集表 4-2 中各

制造资源 QoS 参数原始信息，再根据式（4-14）或式（4-15）进行统一量化，最后根据式（4-16）计算出单个制造云服务的效能 Q_{ij} 作为蚁群算法各节点的初始信息素。在大量实验采集数据分析基础上并结合制造专家的建议，将价格、时间、可靠性、可用性、服务诚信度的属性权重分别设为 $W=\{0.4,0.1,0.1,0.2,0.2\}$，采集、量化后各制造资源初始信息素见表 4-3。

表 4-3　制造资源初始信息素

制造资源	CS_{11}	CS_{12}	CS_{13}	CS_{21}	CS_{22}	CS_{23}	CS_{31}	CS_{32}	CS_{33}	CS_{41}	CS_{42}	CS_{43}	CS_{51}	CS_{52}	CS_{53}
信息素 Q	0.76	0.54	0.65	0.72	0.36	0.27	0.32	0.73	0.38	0.35	0.67	0.62	0.74	0.46	0.66

实验在 MATLAB 平台上进行模拟仿真计算，选用的改进蚁群算法参数设置：蚂蚁数量 m 设为 10，启发因子 $\alpha=1.0$，期望因子 $\beta=2.0$，信息素挥发系数 $\rho=0.8$，信息素总量 $Q=1$。为了将不同来源的数据统一到一个参考系下，将表 4-3 中的数据根据式（4-14）进行统一量化处理，并将量化后的值加上表 4-2 中样本数据的均值，得到如表 4-4 所示量化后转移成本。

表 4-4　量化后制造产品的转移成本

制造资源	制造资源					
	CS_{21}	CS_{22}	CS_{23}	CS_{31}	CS_{32}	CS_{33}
CS_{11}	1.43	1.33	1.81	1.91	1.51	1.36
CS_{12}	1.85	1.80	2.18	2.30	1.91	1.78
CS_{13}	1.46	1.53	2.07	2.17	1.56	1.38
CS_{41}	1.96	1.82	1.34	1.41	1.58	1.91
CS_{42}	1.47	1.53	2.07	2.19	1.56	1.41
CS_{43}	1.44	1.54	2.06	2.08	1.30	1.38
制造资源	制造资源					
	CS_{41}	CS_{42}	CS_{43}	End		
CS_{51}	1.86	1.53	1.56	1.31		
CS_{52}	1.36	2.10	2.06	1.84		
CS_{53}	2.07	1.29	1.59	1.53		

再根据式（4-64）可计算出 $p_{11,21}^{1}(t)=43.51\%$，$=37.75\%$，$p_{11,22}^{1}(t)=18.74\%$，$p_{11,23}^{1}(t)$ 分别代表第 1 只蚂蚁在 t 时刻选择 Task2 制造资源集中 3 个候选制造云服务的概率。由于候选制造云服务 CS_{11} 和 CS_{21} 的 QoS 综合性能较好，转移成本较低，故被选中的概率较高。同理可推出 $p_{11,31}^{2}(t)=18.89\%$，$p_{11,32}^{2}(t)=$

41.64%，$p_{11,33}^{2}(t)=39.47\%$，代表第 2 只蚂蚁由 CS_{11} 转向 Task3 各候选制造云服务的概率；$p_{13,21}^{3}(t)=49.66\%$，$p_{13,22}^{3}(t)=33.69\%$，$p_{13,23}^{3}(t)=16.65\%$。不妨假设第 1 只蚂蚁走的路径为 CS_{11}->CS_{21}->CS_{42}->CS_{53}->End，路径总的转移成本为 5.72，根据表 4-1 组合制造云服务 QoS 计算模型，路径 QoS 总和为 2.81，第 2 只蚂蚁走的路径为 CS_{11}->CS_{32}->CS_{42}->CS_{53}->End，路径总的转移成本为 6.52，路径 QoS 总和为 2.82，第 3 只蚂蚁采用轮盘赌选择机制，选择了一条路径为：CS_{13}->CS_{22}->CS_{43}->CS_{51}->End，路径总的转移成本为 5.94，路径 QoS 总和为 2.37。依据基于改进蚁群制造云服务组合优化算法改进策略 1，路径上制造云服务 QoS 总和最大的路径进行信息素更新，因此，选择第 2 只蚂蚁所搜索的路径，根据式（4-73）可计算出信息素增量 $\Delta\tau=1/6.52=0.153$。结合挥发系数 ρ，根据式（4-72），可计算出信息素更新后各制造资源信息素的值见表 4-5。

表 4-5　信息素更新后的值

制造资源	CS_{11}	CS_{12}	CS_{13}	CS_{21}	CS_{22}	CS_{23}	CS_{31}	CS_{32}	CS_{33}	CS_{41}	CS_{42}	CS_{43}	CS_{51}	CS_{52}	CS_{53}
信息素 Q	0.152+0.153	0.108	0.13	0.144	0.072	0.054	0.064	0.146+0.153	0.076	0.07	0.134+0.153	0.124	0.148	0.092	0.132+0.153

根据基于改进蚁群制造云服务组合优化算法，经最大次数迭代后计算输出最优的服务组合路径 CS_{11}->(CS_{21}，CS_{32})->CS_{42}->CS_{53}->End，根据表 4-1 组合制造云服务 QoS 计算模型，该路径 QoS 总和为 3.54，路径总的转移成本为 8.7。从上述推理可知，基于改进蚁群的制造云服务组合优化算法是可行的，能输出最优的服务组合。

4.4.3 有效性实验

本实验采用服务组合执行成功率来分析算法的有效性。实验测试了两种情况：对节点数为 10，服务数为 26；节点数为 30，服务数为 100。对比基本蚁群优化（ACO）和改进蚁群优化（IACO）两种算法的性能，不妨假设参数 $\alpha=1.0$，$\beta=2.0$，每轮测试 10 次。结果见图 4-4 和图 4-5。

由图 4-5，图 4-6 可知，ACO 算法的服务组合执行成功率偏低，而且上升趋势不明显，原因是基本蚁群算法收敛慢，易陷入局部最优解。由性能曲线图发现，作者采用的改进蚁群算法具有较好的性能，随着迭代次数的增加，服务组合执行成功率越来越高，最后都保持在 90%以上。改进蚂蚁算法性能优于基本蚁群算法的原因是作者设置了组合服务最优列表和轮盘赌选择机制等改进策略，弥补了蚁群算法收敛速度慢、易陷入局部最优的不足，算法能根据历史信息选择当前发现的最优服务，避免了 ACO 算法寻优过程中的盲目性。实验结果表明，改进蚁群算法在保证服务组合执行成功率方面是有效的。

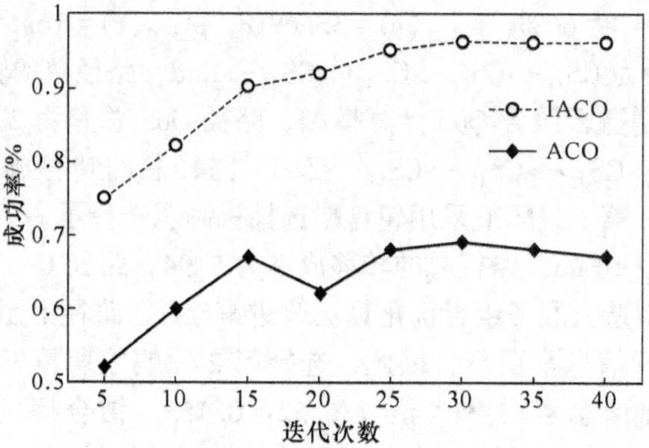

图 4-4 改进蚁群算法性能测试图（服务数=26）

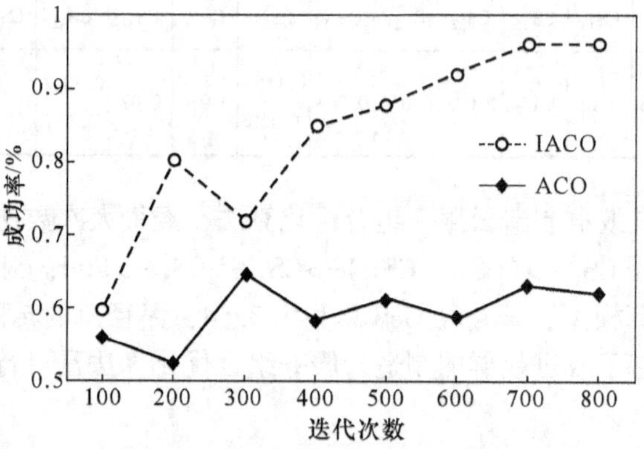

图 4-5 改进蚁群算法性能测试图（服务数=100）

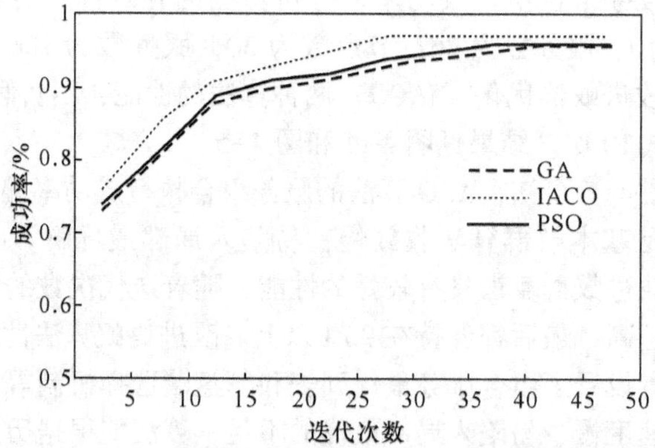

图 4-6 IACO 算法与 PSO 算法及 GA 算法的性能对比

4.4.4 相关算法对比实验

为了验证作者提出的改进蚁群算法的求解性能，将改进蚁群优化（IACO）算法与粒子群优化算法（PSO）[19]、遗传算法（GA）[20]进行了对比分析，在MATLAB平台上对三种算法进行模拟仿真计算。初始参数设置如下：IACO算法$\alpha=1.0$，$\beta=2.0$，$\rho=0.8$，$\tau_{min}=1/20$，$\tau_{max}=1$。PSO算法种群数设为30，GA算法中交叉算子和变异算子分别设为0.7和0.1。三种算法运算次数设为20，迭代次数设为50，服务数设为100。对比结果见图4-6。

由图4-6可见，作者采用的IACO算法由于综合考虑了服务质量和转移成本，使服务组合模型更加合理，服务组合执行的成功率也相对较高。这是因为作者采用了一系列改进策略，使得算法在收敛速度方面明显优于PSO算法与GA算法。

参考文献

[1] 李伯虎，张霖，王时龙，等．云制造—面向服务的网络化制造新模式［J］．计算机集成制造系统，2010，16(1)：1~7，16.

[2] 陶飞，张霖，郭华，等．云制造特征及云服务组合关键问题研究［J］．计算机集成制造系统，2011，17(3)：477~486.

[3] 李伯虎，张霖，任磊，等．再论云制造［J］．计算机集成制造系统，2011，17(3)：449~457.

[4] 敬石开，姜浩，许文婷，等．考虑执行可靠性的云制造服务组合算法［J］．计算机辅助设计与图形学学报，2014，26(3)：392~400.

[5] Strunk A. QoS-Aware Service Composition：A Survey[C] //Proceedings of the 8th IEEE European Conference on Web Services. Washington，D. C.，USA：IEEE，2010：67~74.

[6] 郜丽君，胡如夫，赵韩，等．面向云制造服务的制造资源多目标动态优化调度［J］．中国机械工程，2013，24(12)：1616~1622.

[7] Karunamurthy R，Khendek F，Glitho R H. A Novel Architecture for Web Service Composition［J］. Journal of Network and Computer Applications，2012，35(2)：787~802.

[8] 刘卫宁，刘波，孙棣华．面向多任务的制造云服务组合［J］．计算机集成制造系统，2013，19(1)：199~209.

[9] 郑维强，冯毅雄，谭建荣，等．制造资源混合粒度优化组合方案求解技术［J］．计算机辅助设计与图形学学报，2012，24(3)：281~289.

[10] 谢先文．云制造环境下服务资源的共享与优化配置研究［D］．杭州：浙江理工大学，2013.

[11] 刘卫宁，马刚，刘波．基于层次化的云制造服务组合研究［J］．中国机械工程，2013，24(10)：1349~1356.

[12] 金鸿，姚锡凡，杨洲，等. 基于教—学算法的制造云服务组合优化 [J]. 计算机集成制造系统，2018，24(1)：43~52.

[13] 陈友玲，刘舰，凌磊，等. 基于协同效应的并行制造云服务组合算法 [J]. 计算机集成制造系统，2019，25(1)：137~146.

[14] Xu Xun. From Cloud Computing to Cloud Manufacturing[J]. Robotics and Computer-Integrated Manufacturing，2012，28(1)：75~86.

[15] Hen S. Yau Y Y. QoS-based Service Ranking and Selection for Service-based System[C]. Proceedings of IEEE International Conference on Services Computing. Washington，D. C.，USA：IEEE，2011：56~63.

[16] Poli Riccardo，Kennedy James，Blackwell Tim. Particle swarm optimization；an overview[J]. Swarm Intelligence，2007，1(1)：33~57.

[17] 夏亚梅，程 渤，陈俊亮，等. 基于改进蚁群算法的服务组合优化 [J]. 计算机学报，2012，35(2)：270~281.

[18] Kwon J，Lee D. Non-redundant Web Services Composition Based on a Two-phase Algorithm [J]. Data & Knowledge Engineering，2012，71(1)：69~91.

5　制造云服务组合异常调整算法

事实上制造企业业务环境复杂多变，服务调用过程中自然存在着诸多不知预知的异常情况，如用户需求更改、服务的退出、机器故障、任务的取消、服务提供方 QoS 发生变化等。为此，需在制造云服务组合过程中需建立服务异常处理机制，以保证服务组合顺利运行。

5.1　制造云服务组合异常处理研究现状

当前人们对制造云服务组合研究主要集中在组合优化方法上，对于组合异常处理涉及甚少。魏乐等人提出了一种基于 QoS 的制造云服务组合自适应调整机制，把可靠性、可用性、时间、价格和柔性度作为云服务的 QoS 特征，同时对云制造环境下服务可能产生的异常进行了分类和抽象，并将自适应调整逻辑引入组合云服务。赵红侠等人针对 Web 服务给出了一种基于多 Agent 系统的异常处理模型，该模型采用 Agent 的协作性、推理和自学习的特性，使异常得到有效的捕获和处理。肖宗敏等人针对 Web 服务给出了一种基于补偿业务生成图的组合服务异常处理方法，基于业务流程中任务间补偿依赖关系，讨论了补偿业务生成图的自动生成问题，设计了补偿依赖关系、补偿业务生成图的自动生成及组合服务执行过程中异常处理算法。吴青等人针对面向服务软件中异常处理机制的特点，给出一种基于着色 Petri 网的异常处理模型，采用该模型可以精确描述面向服务软件中异常处理总体方案，便于辅助设计人员检测异常处理设计方案中的缺陷。杨雷等人给出了一种 Web 服务组合动态调整机制，建立服务异常模型来描述服务运行过程中所面临的异常情况的类别、产生原因以及外在表现，并在该模型的基础上给出了异常监控策略，同时提出了一种组合服务替换范围确定算法和调整方案生成启发式算法。

上述文献从多个角度对服务组合异常处理进行研究，部分文献虽然研究对象是 Web 服务，但方法对制造云服务异常有一定的借鉴意义。相比于 Web 服务，制造云服务的组合还需考虑硬件云服务会出现特定问题，例如制造设备故障、设备任务过载等问题。事实上，在制造云服务组合过程有些异常情况是随机的、不可预测的，这种不确定性使得服务平台难以事先制定固定的异常处理应对策略，因此需要动态地对制造云服务和组合执行路径进行调整，从而保证服务组合对复杂执行环境的自适应性。为此，作者提出了一种制造云服务组合异常自适应调整模型。该模型能自动检测出各种异常变化，然后对这些异常进行分析并建立相应的调整策略来协调服务的执行，最后通过异常处理评测对调整方案进行进一步评估，经多次迭代调整，实现服务平台对出现的异常自适应调整，保证服务组合执行的成功率。

5.2 制造云服务异常处理模型

5.2.1 异常处理逻辑

为保障云制造环境下制造活动的顺利开展，提高云服务的质量，赵秋云等人提出了一种制造设备云服务异常处理模型。该模型在对制造设备云服务可能产生的异常进行分类和抽象的基础上，通过监控逻辑监控和捕获产生的异常，采用处理逻辑对异常进行处理，并给出了七种异常的处理流程。

为了实现异常处理，首先需要捕获云制造平台产生的各类异常，并对其进行分析，然后根据分析结果按照一定的处理算法进行处理，可依据需要设立监控逻辑、分析逻辑、处理逻辑和评估逻辑 4 个控制单元。

（1）监控逻辑主要用于监控用户需求的变化和流程实例的运行，捕获云制造系统产生的各类异常，且将异常按照优先级进行排队送异常队列。

（2）异常队列队头的异常送往分析逻辑，分析其产生的原因，定位异常源，同时取出相关异常数据，并将分析结果送往异常处理逻辑。

（3）异常处理逻辑根据预设的异常处理策略进行处理，在处理时需要访问相关的信息，如云服务中心中的服务描述信息、任务执行情况、现行流程信息、现行云服务信息等，并将处理结果送往评估逻辑进行评估。

（4）评估逻辑单元根据处理逻辑的结果进行评估，若评估未通过则重新进行处理，评估通过则处理结果送流程实例，流程实例重新运行。

5.2.2 异常处理流程

在进行异常处理时，主要考虑以下几个基础条件：

条件 1：一个任务在某一制造设备云服务中处理时，只有等待该任务全部处理完毕，才能调用下一个制造设备云服务，也就是不采用流水线的方式进行制造活动。

条件 2：制造设备云服务“超负荷”表示该服务上无法满足任务时间约束条件的任务数量大于指定的阈值 ζ_L。

条件3：为任务分配新的云服务时，尽量选择和原服务物理位置距离不远的制造设备云服务。

条件4：对执行中的任务能不迁移尽量不迁移；如果需要迁移，则迁移条件是对服务提供者而言，迁移该任务的损失要比迁移其他任务的损失要小。

条件5：时间和价格的计算只考虑制造服务本身，并不考虑物流和物料因素。

条件6：制造设备云服务按照顺序的方式执行任务，即任意一个时刻只能有一个正在被处理的任务，任务执行时间不能重叠。

5.2.3 异常处理模型

综合上述因素，作者提出了一种制造云服务组合异常自适应调整模型，该模型能自动检测出各种异常变化，然后对这些异常进行分析并建立相应的调整策略来协调服务的执行，最后通过异常处理评测对调整方案进行进一步评估，经多次迭代调整，实现服务平台对出现的异常自适应调整，保证服务组合执行的成功率。

云制造服务平台中存在着海量的云服务，依据制造专家的描述，制造资源涵盖了设计资源、生产资源、仿真资源、试验资源以及管理资源等。云制造环境下用户的需求往往需要多个云服务进行组合协同完成，在组合执行的过程中存在诸多影响云服务动态组合和执行的异常因素。部分学者将影响云服务组合的异常因素分为以下三类情况：

(1) 与任务相关的异常，主要包含任务需求改变、任务挂起和任务取消。

(2) 与资源服务相关的异常，主要包含服务过载、服务退出、服务动态加入、服务故障。

(3) 与服务 QoS 相关的异常，主要包含执行时间改变、成本改变、可靠性改变、可用性改变和信誉度改变。所以，必须研究当这些不确性因素发生时，制造云服务平台如何动态进行云服务调整以适应这些变化，提高云服务组合的柔性。因此，作者提出了如图 5-1 所示异常处理模型。

异常处理自适应调整机制：先由异常监测器感知异常信息，若一旦出现异常信息，监测器负责收集异常信息，同时将信息送往分析器进行处理。异常分析器依据捕获的异常信息，分析异常产生的信息源和类型，并将分析结果传递给处理器。异常处理器依据异常产生类型结合异常处理策略，生成异常处理方案，在处理时需要调用各子任务候选云服务集及相关信息。异常处理评测器负责对处理方案进行性能评估，若方案可行，则继续执行调整后的服务流程，若方案不通过，则交给异常分析器重新定位分析。

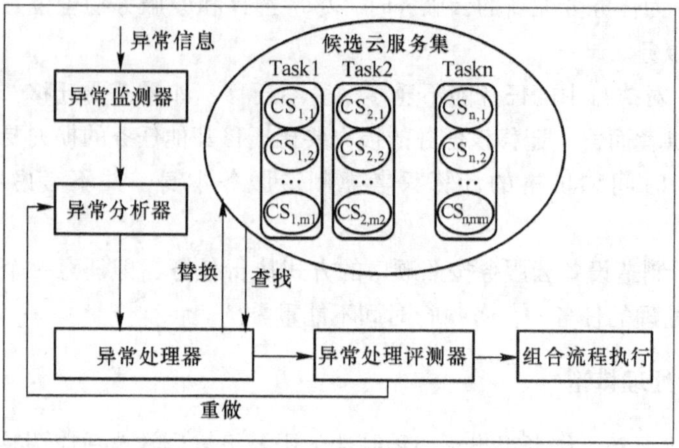

图 5-1 异常处理自适应调整模型

5.3 异常处理相关策略

5.3.1 任务总体迁移模式

赵秋云等人根据异常的 7 种类型，提出了一种任务总体迁移模式的异常处理模型。为了更好地说明异常处理的过程，先给出了任务总体迁移和任务与制造设备云服务匹配的定义如下：

定义 5.1 任务总体迁移。若制造设备云服务 S_i 上未处理完的任务构成的集合为 $\{Task_1, Task_2, \cdots, Task_n\}$，对集合中的每个任务 $Task_j$，如果存在制造设备云服务 S_k 与 S_i 属于同一个逻辑云服务集，同时满足：

（1）S_k. Function. Ability. Cost $\leqslant S_i$. Function. Ability. Cost

（2）S_k. Function. Ability. Time $\leqslant S_i$. Function. Ability. Time

（3）S_k. Status. SAttribute ≠ “超负荷”

（4）$dis(S_i, S_k) < \zeta$

（5）WTime+S_k. Function. Ability. Time * $Task_j$. ItemNum $\leqslant Task_j.\ \xi_T$

那么称 S_i 上的任务可以总体迁移至 S_k。其中 $dis(S_i, S_k)$ 表示 S_i 和 S_k 的物理距离，ξ 为设置的距离阈值，一般在 ξ 范围内的物流服务不会引起运输成本和运输时间的增加。WTime 表示服务 S_k 可以开始 S_i 任务的时间，如果 S_k. Status. SAttribute = “忙” 时，则 WTime = max(S_k. Status. TaskList. $Task_m$. ProcessEnd)，即最大计划完工日期；如果 Sk. Status. SAttribute = “维修” 时，WTime = S_k. Function. Ability. MTTR + max(S_k. Status. TaskList. $Task_m$. ProcessEnd)；如果 S_k. Status. SAttribute = “空闲” 时 WTime = 0；如果 S_k. Status. SAttribute = “失效或超负荷” 时，WTime = ∞ 。

定义 5.2 任务与制造设备云服务匹配。假设存在制造任务 $Task_j$ 及制造设备云服务 S_k，S_k 满足 $Task_j$ 的功能需求，如果存在

（1）S_k. Function. Ability. Cost * $Task_j$. ItemNum≤$Task_j$. ξ_c

（2）WTime+S_k. Function. Ability. Time * $Task_j$. ItemNum≤$Task_j$. ξ_T

（3）S_k. Status. SAttribute≠“超负荷”

那么称 $Task_j$ 与 S_k 匹配。

制造设备云服务产生的异常主要有服务退出、服务过载、服务故障、任务挂起、任务需求改变、任务取消和服务 QoS 异常 7 种，其中服务退出、任务需求改变、服务故障、任务挂起和服务 QoS 异常的处理较为复杂，为使问题描述更为清晰，分别给出服务退出、服务故障、任务需求改变、任务挂起和服务 QoS 异常的处理算法如下。

策略 5.1 服务异常处理策略。

步骤 1： 处理逻辑获取退出服务 S_i 在业务流程中的执行信息，悬挂 S_i. TaskList 中所有 State≠Done 的任务所在的业务流程。

步骤 2： 若 S_i. Status. TaskList. length = 0，即此时在所有相关业务流程中，S_i 上任务均已处理完，没有任务要处理，进入步骤 4，否则进入步骤 3。

步骤 3： 如果 S_i. Status. TaskList. length ≠ 0，对 S_i. Status. TaskList 中 State ≠ Done 的任务构成的集合 {$Task_1$，$Task_2$，…，$Task_n$} 中的任务 $Task_j$（j = 1，2，…，n），依据 $Task_j$ 的任务需求重新选择一个或若干个制造设备云服务：

（1）若 $Task_j$. State = WIP，执行 $Task_j$. ItemNum = $Task_j$. RemainNum，Taskj. ProcessStart = now，now 代表当前时间。

（2）尽量将 S_i 上所有未完成的任务整体迁移到另外一个云服务上。设置 WS = Φ，依据定义 5.1 在 S_i 所属 LSSet 中选择可实现任务总体迁移的云服务 S_k 加入 WS；对 WS 中的制造云服务按照 QoS 大小降序排列；如果 WS = Φ，进入（3），否则把 S_i 上所有未完成的任务迁移到 WS 中 QoS 最大的制造云服务上，转步骤 4。

（3）依据定义 5.2 在 S_i 所属 LSSet 中选择与 $Task_j$ 匹配的云服务 S_k 加入 WS；对 WS 中的制造云服务按照 QoS 大小降序排列，把任务 Taskj 分配给 WS 中 QoS 最大的制造设备云服务，$Task_j$ 从 S_i. Status. TaskList 中删除。

步骤 4： 设置 S_i. Status. SAttribute = “失效”，S_i 退出，算法结束。

策略 5.2 服务故障异常处理策略。

步骤 1： 处理逻辑获取故障服务 S_i 在业务流程中的执行信息，悬挂 S_i. TaskList 中所有 State≠Done 的任务所在的业务流程。

步骤 2： 如果 S_i. Status. TaskList. length = 0，即此时在所有相关业务流程中，S_i 上任务均已处理完，没有任务要处理，转步骤 5。

步骤 3：如果 S_i. Status. TaskList. length ≠ 0，对 S_i. Status. TaskList 中 State ≠ Done 的任务构成的集合 {Task$_1$，Task$_2$，…，Task$_n$} 中的任务 Task$_j$ (j = 1, 2，…, n)，如果满足 S_i. Function. Ability. MTTR + Task$_j$. ProcessEnd ≤ Task$_j$. ξ_T，转步骤 5，否则进入步骤 4。

步骤 4：设置 WS = Φ，根据定义 5.2 在 S_i 所属 LSSet 中选择与 Task$_j$ 匹配的云服务 S_k 加入 WS；对 WS 中的制造云服务按照 QoS 大小降序排列，把任务 Task$_j$ 分配给 WS 中 QoS 最大的制造设备云服务，同时把 Task$_j$ 从 S_i. Status. TaskList 中删除。

步骤 5：设置 S_i. Status. SAttribute = “维修”，算法结束。

策略 5.3　任务需求改变异常处理策略。

步骤 1：处理逻辑获取执行该任务 Task$_j$ 的云服务 S_i 及其所在业务流程中的相关信息，悬挂 S_i 所在的业务流程。

步骤 2：如果 Task$_j$. State = Done，则给出错误提示，算法结束，否则转步骤 3。

步骤 3：依据 Exception. Reason. SourceData 中的需求改变信息，修改 Task$_j$ 中对应内容（包括执行 Task$_j$. ItemNum = Task$_j$. RemainNum）。

（1）若 S_i. Function. Ability. Cost ∗ Task$_j$. ItemNum ≤ Task$_j$. ξ_C，进入（2），否则置 WS = Φ，依据定义 5.2 在 S_i 所属 LSSet 中选择与 Task$_j$ 匹配的云服务 S_k 加入 WS；对 WS 中的制造云服务按照 QoS 大小降序排列，将任务 Task$_j$ 分配给 WS 中 QoS 最大的制造设备云服务，算法结束。

（2）置 WTS = Φ，WS = Φ，当 Task$_j$. State = Wait 时进入（3），当 Task$_j$. State = WIP 时，①若 now + S_i. Function. Ability. Time × Task$_j$. ItemNum ≤ Task$_j$. ξ_T 成立，依据定义 5.2 在 S_i 所属 LSSet 中选择与 Task$_j$ 匹配的云服务 S_k 加入 WS；对 WS 中的制造云服务按照 QoS 大小降序排列，将任务 Task$_j$ 分配给 WS 中 QoS 最大的制造设备云服务，算法结束。否则进入②；②针对 S_i 上所有状态为 Wait 的任务构成集合 TS 中的每一个 Task$_m$，判断 Task$_m$. ProcessEnd + (S_i. Function. Ability. Time × Task$_j$. ItemNum − Task$_j$. ProcessEnd) ≤ Taskm. ξ_T 是否满足，如果不满足，则将 Task$_m$ 加入 WTS。

如果 WTS = Φ，那么修改 TS 中每一个 Taskm 的 ProcessEnd 和 ProcessStart，即 Task$_m$. ProcessEnd = Task$_m$. ProcessEnd + (S_i. Function. Ability. Time × Task$_j$. ItemNum − Task$_j$. ProcessEnd)，Task$_m$. Process Start = Task$_m$. ProcessStart + (S_i. Function. Ability. Time × Taskj. ItemNum − Task$_j$. ProcessEnd)，算法结束。

如果 WTS ≠ Φ，且 $\sum_{n=1}^{|WTS|} Task_n$. ItemNum × S_i. Function. Ability. Cost ≥ S_i. Function. Ability. Cost × $Task_j$. ItemNum，| WTS | 代表集合 WTS 中元素的个数，

根据定义5.2将任务$Task_j$分配给合适的制造设备云服务，算法结束。否则，对WTS中的每个任务$Task_n$，依据定义5.2将$Task_n$分配给合适的制造设备云服务；修改S_i的相关信息，算法结束。

（3）如果 Taskj. ProcessEnd + S_i. Function. Ability. Time × $Task_j$. Item Num ≤ $Task_j$. ξ_T 不成立，依据定义5.2将任务$Task_j$分配给合适的制造设备云服务，算法结束；否则算法直接结束。

策略5.4 任务挂起异常处理策略。

步骤1： 处理逻辑获取执行该任务$Task_j$的云服务S_i的相关信息，悬挂服务S_i所在的业务流程，对$Task_j$置挂起标识。

若$Task_j$. State = WIP，执行$Task_j$. ItemNum = $Task_j$. RemainNUM，对所有状态为Wait的任务$Task_m$，执行$Task_m$. ProcessEnd = $Task_m$. ProcessEnd −（$Task_j$. ProcessEnd − now），$Task_m$. ProcessStart = $Task_m$. ProcessStart −（Taskj. ProcessEnd − now）；置$Task_j$. State = Wait。

若$Task_j$. State = Wait，对所有$Task_m$. ProcessEnd > $Task_j$. ProcessEnd的任务$Task_m$，执行$Task_m$. ProcessEnd = $Task_m$. ProcessEnd −（$Task_j$. ProcessEnd − $Task_j$. ProcessStart），$Task_m$. ProcessStart = $Task_m$. ProcessStart −（Taskj. ProcessEnd − $Task_j$. ProcessStart），转步骤2。

步骤2： 当挂起因素消除后，根据定义5.2，判断S_i能否满足$Task_j$的需求，若可以算法结束；若不能满足，则选择其他的服务，算法结束。

策略5.5 服务QoS异常处理策略。

步骤1： 处理逻辑获取QoS异常云服务S_i的相关信息，悬挂S_i. TaskList中所有State ≠ Done的任务所在的业务流程。

步骤2： 对S_i. Status. TaskList中State ≠ Done的任务构成集合{$Task_1$，$Task_2$，…，$Task_n$}中的任务$Task_j$（j = 1，2，…，n），若$Task_j$. State = WIP，执行$Task_j$. ItemNum = $Task_j$. RemainNum，$Task_j$. ProcessStart = now。

步骤3： 置WTS = Φ，若不满足S_i. Function. Ability. Cost × $Task_j$. ItemNum ≤ $Task_j$. ξ_c和WTime + S_i. Function. Ability. Time × $Task_j$. ItemNum ≤ $Task_j$. ξ_T，WTime含义同上，则将$Task_j$加入WTS。

步骤4： 若WTS = Φ，算法结束，否则对WTS中的所有任务$Task_m$，依据定义5.2为$Task_m$选择合适的服务，算法结束。

5.3.2 自适应调整模式

作者根据服务组合过程中出现的异常问题，提出了一种制造云服务组合异常自适应调整方模式。为了更清楚的描述制造云服务组合异常自适应调整的策略，给出相关定义如下。

定义 5.3 制造云服务。各类制造资源经过虚拟化后封装为云服务，单个候选制造云服务可抽象为一个五元组 S=(SID, properties, Status, QoS, TaskList)。其中，SIDg 表示云服务的标识；properties 表示云服务的重要属性信息，包括云服务的名称，提供者，最大负载（Load）等；Status 为云服务的状态，取值范围为空闲、忙、维修、失效和暂停；QoS={c, t, r, a, h} 代表制造云服务质量的描述，c 为服务的价格，t 为服务的时间，r 为服务的可靠性，a 为服务的可用性，h 为服务的诚信度。TaskList={$Task_1$, $Task_2$, …$Task_n$} 为候选云服务所对应的子任务列表。

定义 5.4 子任务。一个制造任务按照一定的业务逻辑可分解为若干个不可再分且能被单一云服务完成执行的子任务，形式上可描述为 T=(Taskid, Attribute, num, num _ finished, max _ c, max _ t, TaskStart, TaskEnd, state)。Taskid 为子任务的标识，对应于制造云服务 TaskList 中的序号；Attribute 代表任务的重要属性，包括任务物料、零件名称、工艺要求等；num 为加工零件的数量；num_finished 为已经完成的零件数量；max_c 为制造子任务价格最高阈值；max_t 为制造子任务最长时间阈值；TaskStart 为任务开工时间；TaskEnd 为任务结束时间；state 为任务的状态，有完成 Finish、等待 Wait 和进行中 Active。

定义 5.5 异常。制造云服务执行过程中遇到的错误条件或者不可预测的行为称为异常，可抽象为一个四元组 Exception=(EID, Type, Source, Reason)。EID 表示异常事件的标识；Type 为异常的类型，是整型值，1 代表任务异常，2 代表服务异常，3 代表 QoS 异常；Source 为异常的来源，如任务需求性变化、服务机器故障、任务取消、服务过载等；Reason 代表发生异常的具体原因，如时间需求变化、数量变化等。

定义 5.6 云服务的替换。假设针对一个制造子任务 $Task_i$，存在一个候选的制造云服务集 CS={cs_1, cs_2, …, cs_m}，上述候选云服务都能满足 $Task_i$ 的功能需求，如果一个候选服务 cs_j 发生异常，存在一个 cs_k。

（1）$cs_k.QoS.c * Task_i.num \leqslant Task_i.max\_c$；

（2）$TaskStart+cs_k.QoS.t * Task_i.num \leqslant Task_i.max\_t$；

（3）cs_k. properties≠“超载”；

（4）$Q_{csk} = Max(Q_{CS1}, Q_{CS2}, \cdots, Q_{CSj-1}, Q_{CSj+1}, \cdots, Q_{CSm})$；

那么称 cs_k 可替换 cs_j。其中，Q_{csk}表示服务 cs_k 的 QoS 的综合性能。

策略 5.6 任务需求变化调整策略。

步骤 1：异常处理器获取发生需求改变的任务 Taskid，设为任务 T_i，如果 T_i. state=Wait，则根据定义 5.6 重新进行选择；如果 T_i. state=Finish，则给出错误提示。

步骤 2：如果 T_i. state = Active，则根据 Taskid 的关联信息找到执行当前任务的 SID，悬挂服务号为 SID 的服务 S_j 及相关的后续组合服务流程。

（1）如果 Exception. reason = 数量改变，判断 S_j 及后续服务流程负载和时间能否满足，如果能满足，修改服务协议数量和服务任务列表中后任务的计划开工和结束时间；如果不能满足，则将数量增量部分生成一个单独任务，由异常处理器根据定义 5.6 选择一个云服务执行。

（2）如果 Exception. reason = 时间改变，判断 S_j 及后续服务流程能否满足，如果能满足，修改服务协议时间；如果不能满足，则将待加工零件生成一个单独任务，由异常处理器根据定义 5.6 选择一个云服务并行执行。

策略 5.7 任务挂起调整策略。

步骤 1：异常处理器获取发生挂起的任务 Taskid，设为任务 T_i，如果 T_i. state = Active，则根据 Taskid 的关联信息找到执行当前任务的 SID，悬挂服务号为 SID 的服务 S_j 及相关的后续组合服务流程，置 T_i. state = Wait；

步骤 2：对后续服务流程中所有状态为 Wait 的任务 T_j 修改任务结束计划开工时间和结束时间，T_j. TaskStart = T_j. TaskStart − T_i. TaskEnd + now( )，now( ) 表示当前日期时间；T_j. TaskEnd = T_j. TaskEnd − T_i. TaskEnd + now( )。

步骤 3：当挂起操作结束后，判断服务 S_j 及相关的后续组合服务能否满足制造子任务最长时间阈值 max_t，如果满足调整结束；如果不满足，按定义 5.6 选择一个云服务执行。

策略 5.8 服务过载调整策略。

步骤 1：异常处理器获取发生服务过载的云服务 S_j，设置 S_j. Status = "暂停"。

步骤 2：悬挂 S_j 中所有未执行完成的任务 TaskList = {$Task_1$, $Task_2$, …, $Task_m$}，对 TaskList 中任一任务 T_i 修改剩余 num 值，将未完成的产品单独生成一个任务按定义 5.6 到候选云服务集中选择一个 QoS 的综合性能最大的云服务替换执行，同时在 TaskList 中删除该任务。

步骤 3：修改云服务 QoS 历史记录中发生服务过载的次数，同时调整该云服务 QoS 中可用性 a 的值。

策略 5.9 服务故障调整策略。

步骤 1：异常处理器获取发生服务故障的云服务 S_j，设置 S_j. Status = "维修"。

步骤 2：如果 S_j 所对应的 TaskList 中所有任务都已执行完毕，则调整结束，否则悬挂 S_j 中所有未执行完成的任务 TaskList = {$Task_1$, $Task_2$, …, $Task_m$}。

（1）如果 TaskList 中任一任务 T_i，满足 S_j. QOS. T(T_i。num−T_i. num_finished) + 故障修复时间 ≤ T_i. max_t，则维修等待。

(2) 如果不满足条件 (1)，则将未完成的任务按定义 5.6 到候选云服务集中选择一个 QoS 的综合性能最大的云服务替换执行，同时在 TaskList 中删除该任务。

步骤 3：修改云服务 QoS 历史记录中发生服务故障的次数，同时调整该云服务 QoS 中可用性 a 的值。

策略 5.10 服务退出调整策略。

步骤 1：异常处理器获取退出的服务 S_j，设置 S_j. Status = “失效”。

步骤 2：如果 S_j 所对应的 TaskList 中所有任务都已执行完毕，则调整结束，否则悬挂 S_j 中所有未执行完成的任务 TaskList = {$Task_1$，$Task_2$，…，$Task_m$}。

步骤 3：对 TaskList 中任一任务 T_i，将未完成的产品生成一个单独任务按定义 5.6 选择一个 QoS 的综合性能最大的云服务替换执行，同时在 TaskList 中删除该任务。

步骤 4：修改云服务 QoS 历史记录中异常退出的次数，同时调整该云服务 QoS 中诚信度 h 的值。

策略 5.11 QoS 异常调整策略。

步骤 1：异常处理器获取发生 QoS 异常的云服务 S_j，设置 S_j. Status = “暂停”。

步骤 2：如果 S_j 所对应的 TaskList 中所有任务都已执行完毕，则调整结束，否则悬挂 S_j 中所有未执行完成的任务 TaskList = {$Task_1$，$Task_2$，…，$Task_m$}。

步骤 3：对 TaskList 中任一任务 T_i，计算未完成产品生成新任务，按第 3 章的信息校正优选算法，重新计算该云服务的 QoS 综合性能，如果重新计算的值在候选云服务集中依旧最优，在云服务中保留该任务。否则，选取新的最优服务替换该服务，并在服务 TaskList 删除该任务。

步骤 4：修改云服务 QoS 历史记录中发生 QoS 异常的次数，同时调整该云服务 QoS 中可靠性 r 的值。

5.4 异常处理整体算法

5.4.1 整体迁移调整算法

研究人员在整体迁移异常处理模式和策略的基础上，提出了异常处理整体迁移调整算法，过程如下：

步骤 1：监控逻辑捕获云制造系统产生的异常，同时按照优先级送入异常队列进行排队，取出队列头部优先级最高的异常 Exception 送分析逻辑，分析逻辑对异常进行分析，依据分析结果进行不同的处理。

步骤 2：

（1）如果 Exception. Reason =“服务退出”，依据策略 5.1 进行处理。

（2）如果 Exception. Reason =“服务故障”，依据策略 5.2 进行处理。

（3）如果 Exception. Reason = “服务过载”，处理逻辑获取过载云服务 S_i 及其所在业务流程中的相关信息，悬挂服务 S_i 所 在的业务流程，对 S_i. Status. TaskList 中 State ≠ Done 且 ProcessEnd ≤ ξ_T 的任务构成集合 {$Task_1$，$Task_2$，…，$Task_n$} 中的任务 $Task_j$(j = 1，2，…，n)，如果 $Task_j$. State = WIP，执行 $Task_j$. ItemNum = $Task_j$. RemainNum；对所有的 $Task_j$ 根据定义 5.2 为其选择合适的服务，并进行迁移。

（4）如果 Exception. Reason = “任务需求改变”，依据策略 5.3 进行处理。

（5）如果 Exception. Reason = “任务挂起”，根据策略 5.4 进行处理。

（6）如果 Exception. Reason =“任务取消”，处理逻辑获取执行该任务 $Task_j$ 的云服务 S_i 及相关信息，悬挂服务 S_i 所在的业务流程，对云服务 S_i 上所有状态为 wait，且 $Task_m$. ProcessEnd>$Task_j$. ProcessEnd 的任务 $Task_m$，执行 $Task_m$. ProcessEnd = $Task_m$. ProcessEnd −（$Task_j$. ProcessEnd − $Task_j$. ProcessStart），$Task_m$. ProcessStart = $Task_m$. ProcessStart −（Taskj. ProcessEnd − $Task_j$. ProcessStart），将 $Task_j$ 从 S_i 的 TaskList 中删除。

（7）Exception. Reason = “服务 QoS 异常”，依据策略 5.5 进行处理。

步骤 3：修改相关云服务的状态信息、能力信息和 QoS 信息，更新与相关设备云服务相关的业务流程，对处理结果进行评估，如果评估通过进入步骤 4，评估未通过则主要为选择的服务不当，重新进行选择即可。

步骤 4：所有悬挂的业务流程继续执行。

5.4.2 自适应调整算法

5.4.2.1 异常处理评测

异常处理器依据异常源生成异常调整策略过程中，替换和迁移云服务解决方案主要是从子任务云服务 QoS 优选角度出发，未考虑调整后服务组合整体 QoS 的性能。异常处理评测器主要负责对调整后服务组合整体 QoS 性能进行评估。WS-BPEL 为典型的 Web 服务工作流描述语言，同样适用于制造云服务的组合，其中定义的主要流程控制活动主要有顺序、选择、并行和循环结构。依据制造专家的建议和实际情况，作者主要分析顺序和并行两种主要结构，通过这两种结构可将各子任务组合形成一条云服务组合执行路径 P_j。本专著针对上述两种结构，给出了异常处理评测组合服务整体 QoS 性能方法。

顺序结构下云组合服务执行路径 P_j 的服务质量各参数评测：

$$\left.\begin{aligned} C_{seq}(p_j) &= \sum_{i=1}^{n} c_i \\ T_{seq}(p_j) &= \sum_{i=1}^{n} t_i \\ R_{seq}(p_j) &= \prod_{i=1}^{n} r_i \\ A_{seq}(p_j) &= \prod_{i=1}^{n} a_i \\ H_{seq}(p_j) &= \left(\sum_{i=1}^{n} h_i\right)/n \end{aligned}\right\} \tag{5-1}$$

并行结构下云组合服务执行路径 P_j 的服务质量各参数评测：

$$\left.\begin{aligned} C_{par}(p_j) &= \sum_{i=1}^{n} c_i \\ T_{par}(p_j) &= \max(t_i) i \in [1, k] \\ R_{par}(p_j) &= \prod_{i=1}^{n} r_i \\ A_{par}(p_j) &= \prod_{i=1}^{n} a_i \\ H_{par}(p_j) &= \left(\sum_{i=1}^{n} h_i\right)/n \end{aligned}\right\} \tag{5-2}$$

式中，n 表示组合服务中子任务云服务的个数；k 表示并行控制中的分支数；c_i 代表第 i 个子任务优选出的云服务价格参数值，其余类似。组合服务路径 P_j 整体的服务质量 $Q(p_j)$ 的值可如下计算：

$$\begin{aligned} Q(p_j) = w_1 \times C_{seq}(p_j) + w_2 \times T_{seq}(p_j) + w_3 \times R_{seq}(p_j) + \\ w_4 \times A_{seq}(p_j) + w_5 \times H_{seq}(p_j)(28) \end{aligned} \tag{5-3}$$

其中，$\sum_{i=1}^{5} w_i = 1$。

5.4.2.2 异常自适应调整算法

云制造环境下当云服务或任务出现异常，有些异常情况是随机的、不可预测的，这种不确定性使得服务平台难以事先制定固定的异常处理应对策略，因此需要动态地对制造云服务和组合执行路径进行调整，从而保证服务组合对复杂执行环境的自适应性。监测器首先会感知和捕获异常信息，通过分析器处理，确定异常源和类型建立相应的调整策略来协调服务的执行，最后通过异常处理评测对调整方案进行进一步评估，经多次迭代调整，生成相应的解决方案。异常自适应调整算法如下：

步骤1：初始化设置调整的次数 count=0，最大调整次数 max_count，$Q(p_j)$ 的阈值；

步骤2：执行异常监测，自动感知和捕获异常信息，数据传送分析器。

步骤3：分析器分析处理，确定异常类型（Type）、异常源（Source）和异常原因（Reason）。

步骤4：定位与异常任务或服务相关的云服务 S，悬挂相应的业务流程，根据异常类型和异常源，调用相应的调整策略。

（1）如果 Exception. Type=1，并且 Exception. Source=“需求改变”，则执行策略5.6。

（2）如果 Exception. Type=1，并且 Exception. Source=“任务挂起”，则执行策略5.7。

（3）如果 Exception. Type=1，并且 Exception. Source=“任务取消”，则在与该任务相关的所有云服务 TaskList 中删除该任务。

（4）如果 Exception. Type=2，并且 Exception. Source=“服务过载”，则执行策略5.8。

（5）如果 Exception. Type=2，并且 Exception. Source=“服务故障”，则执行策略5.9。

（6）如果 Exception. Type=2，并且 Exception. Source=“服务退出”，则执行策略5.10。

（7）如果 Exception. Type=2，并且 Exception. Source=“服务动态加入”，则暂停相关的子任务，按第3章信息校正优选算法，重新计算候选云服务集中 QoS 综合性能，选取新的最优服务，并在需修改的服务 TaskList 删除该任务。

（8）如果 Exception. Type=3，并且 Exception. Source=“QoS 异常”，则执行策略5.11。

步骤5：修改云服务 QoS 参数的值，调用异常处理评测模型，计算组合服务综合质量 $Q(p_j)$ 的值，如果 $Q(p_j)$ 值大于或等于设定的阈值，则执行步骤6。如果小于设定的阈值，判断调整次数 count 是否大于 max_count。如果是则输出调整失败，调整算法结束；否则 count=count+1，转步骤4重新调整。

步骤6：解除业务流程悬挂，按照调整后云服务执行路径继续运行，调整算法结束。

5.5 实验与结果分析

5.5.1 可行性实验

为了验证作者提出的制造云服务组合异常自适应调整方法，本书在制造云服务优选和组合优化试验平台基础上，进一步设计了云制造服务异常自适应试验平台的原型，利用 jdk+MyEclipse 为开发环境，以分布式应用软件 mpiBLAST 仿真计算机节点对云制造服务平台服务的调用。实验以某阀门制造厂的阀门生产过程来构造实验应用的场景，搭建的云制造服务试验平台包含了 100 个用于测试的阀门制造云服务，制造云池中有 3000 余条制造资源的历史记录。为了演示推理过程，我们选择了 5 个候选服务作为推理样本，对任务需求变化、服务故障、服务过载、QoS 异常、服务退出等情况进行了模拟。假设任务 Task1 临时增加 500 件产品加工任务；Task3 临时要求任务提前，时间阈值为 50，价格阈值为 0.7；服务 *S*5 发生故障，同时造成负载超载；服务 *S*5 发生 QoS 异常，时间调整为 0.08 小时/件等情况。数据见表 5-1。

表 5-1　阀体喷漆子任务候选服务

服务	价格（c）	时间（t）	可靠性（r）	可用性（a）	诚信度（h）	QoS 综合值	负载阈值	状态	任务列表
*S*1	0.5	0.04	0.95	0.94	4.85	0.86	2000	忙	Task1、Task4
*S*2	0.55	0.05	0.95	0.9	4.75	0.67	1500	忙	Task3
*S*3	0.65	0.03	0.85	0.9	4.7	0.56	1000	空闲	
*S*4	0.65	0.05	0.9	0.92	4.85	0.62	1000	空闲	
*S*5	0.6	0.04	0.95	0.95	4.95	0.73	2000	忙	Task2、Task5

表 5-1 中价格指单件产品加工费用与单件产品每公里的运输成本之和，单位为元。时间指单件产品的加工时间，单位为小时。QoS 其他指标含义及 QoS 综合值计算见第 3 章中的描述。表 5-1 中各云服务任务列表中所对应的子任务参数情况见表 5-2，其中开工时间为负值表示任务当前已用的小时数。

表 5-2　任务项参数

子任务	数量	已完成数量	最高价格	最长时间	开工时间	结束时间	状态
Task1	1000	5000	0.55	80	-20	20	激活
Task2	2000	1000	0.6	130	-40	40	激活
Task3	1400	600	0.65	80	-30	40	激活
Task4	1500	0	0.65	60	20	80	等待
Task5	1000	0	0.6	40	40	80	等待

Task1 的任务需求追加 500 件，修改后任务总数量是 1500 件，小于负载阈值，任务总体需要时间 $1500\times0.04<80$，能满足时间要求，价格未变，因此需修改 Task1. num = 1500，500 件任务额外增加时间 $500\times0.04=20$，而 Task1. TaskEnd=40，Task4 和 Task6 的计划开工和计划结束时间都增加 20，云服务和流程其余保持不变，调整结束。

Task3 临时任务提前，时间阈值要求更改为 50，价格阈值为 0.7，因此 Task3 不能满足时间要求，*S*1 和 *S*5 已有任务排队，不能满足时间要求，50 小时内 Task3 只能完成 1000 件产品。因此，另外 400 件产品需单独生成任务，*S*3 和 *S*4 符合生产条件，*S*4 因 Qo*S* 值更高，任务则由 *S*4 完成，*S*4 任务列表中增加了 Task3 转移任务，修改 Task3. TaskEnd=50，S2. Status= “忙”，*S*2 和 *S*4 并行执行任务 Task3，调整结束。

*S*5 发生故障，若故障能在 max_t-Taskend-Taskstart 时间段内恢复，Task2 任务保持不变，否则按定义 5.6 进行替换。而 Task5 任务如要按期完成，必然会造成负载超载。*S*1 不能满足 Task5 的时间要求，*S*2 完成 Task3 任务后刚好能满足 Task5 时间要求，*S*3 和 *S*4 服务价格不符合条件，因此 Task5 任务由 *S*2 服务替换，修改服务 *S*5 和 *S*2 任务列表项内容，调整结束。

*S*2 服务退出，Task3 还有 800 件产品未完成，则需生成一个任务，*S*1 和 *S*5 不能满足时间要求，而 *S*3 和 *S*4 符合条件，因为 *S*4 的 QoS 值更大，所以 Task3 剩余任务由 *S*4 服务替换，修改服务 *S*2 和 *S*4 任务列表项内容，调整结束。

*S*5 出现 QoS 异常，服务时间调整为 0.08 小时/件，Task2 任务符合条件 (num-num_finished) ×0.08-Task2. TaskStart<Task2. max_t，故 Task2 任务不需调整；Task5 任务不满足时间要求，*S*2 完成 Task3 任务后刚好能满足 Task5 时间要求，*S*3 和 *S*4 服务价格不符合条件。因此，Task5 任务由 *S*2 服务替换，修改服务 *S*5 和 *S*2 任务列表项内容，调整结束。

仿真实验表明，作者提出的制造云组合异常自适应调整算法是可行的，当有异常发生时，能快速调整服务组合方案，保证制造活动的正常运行。

5.5.2 有效性实验

实验采用服务组合执行成功率来分析方法的有效性，作者设计了不调整、功能匹配调整和自适应调整三种方法进行对比实验。不调整方法在异常发生时，不采取任何调整动作，流程执行若不符合条件，任务即执行失败。功能匹配调整在异常发生时，按功能匹配原则，若能满足功能上的需求，即随机选取候选服务替代，也不进行异常处理评测。实验中对 QoS 各参数的权值依据制造专家的建议分别取 0.3，0.3，0.2，0.1，0.1，生成随机值模拟任务需求变化、服务故障、服务过载、QoS 异常、服务退出等情况，对 100 个服务过程中设置了 20 次的异常情况，对比结果见图 5-2。

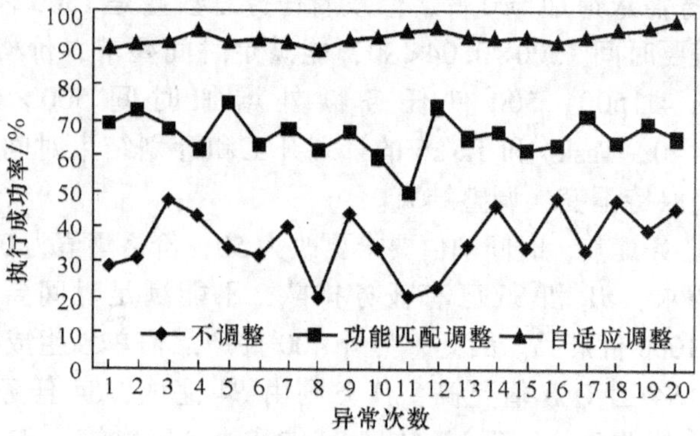

图 5-2 三种调整策略任务执行成功率对比

由图 5-2 可知，不调整方法服务组合执行成功率较低，若有些异常发生，因没有调整措施，直接造成服务执行失败。功能匹配调整方法当异常发生时因为有服务替代策略，所以服务执行成功率相对不调整方法明显提高。但是，由于替代时采用随机选取候选服务，因此执行成功率波动性较大，再加上替代方案未经过进一步的评估，某些服务功能上能满足要求，但整体服务质量欠佳，造成用户放弃服务而执行失败。自适应调整方法在执行成功率上明显优于前两种方法，因为在异常发生时该方法能自适应快速调整，并且在调整后有相应的异常处理评测，对调整后的服务组合整体质量进行评估，故用户执行成功率能保持在一个较高的水平上，且具有较好的稳定性。

参考文献

[1] 赵秋云，魏乐，舒红平，等．云制造环境下制造设备云服务异常处理模型［J］. 图学学报，2014，35(6)：840~846.

[2] 魏乐，赵秋云，舒红平，等．云制造环境下基于 QoS 的组合云自适应调整［J］. 兰州大学学报（自然科学版），2012，48(4)：98~104.

[3] 赵红侠，姜淑娟，牟春雷．基于多 Agent 的 Web 服务异常处理模型［J］. 计算机应用与软件，2010，27(1)：61~64.

[4] 尚宗敏，崔立真，王海洋，等．基于补偿业务生成图的组合服务异常处理方法研究［J］. 计算机学报，2008，31(8)：1478~1490.

[5] 吴青，应时，贾向阳，等．面向服务软件中基于着色 Petri 网的异常处理模型［J］. 计算机科学，2011，38(4)：170~174.

[6] 杨雷，代钰，刘福凯，等．面向自适应的组合服务动态调整方法［J］. 东南大学学报，2011，41(3)：453~457.

[7] 马文龙，朱李楠，王万良．云制造环境下基于 QOS 感知的云服务选择模型［J］. 计算机

集成制造系统，2014，20(5)：1246~1254.

[8] Hen S. Yau Y Y. QoS-based Service Ranking and Selection for Service-based System [C]. Proceedings of IEEE International Conference on Services Computing. Washington, D. C., USA: IEEE, 2011: 56~63.

[9] Xu Xun. From Cloud Computing to Cloud Manufacturing[J]. Robotics and Computer-Integrated Manufacturing, 2012, 28(1): 75~86.

[10] 王正成，谢先文. 基于 FAHP 和改进蚁群算法的网络化制造资源链构建研究 [J]. 中国机械工程，2012，23(12)：1287~1492.

[11] 李伯虎，张霖，王时龙，等. 云制造—面向服务的网络化制造新模式 [J]. 计算机集成制造系统，2010，16(1)：1~7，16.